U0755390

体育教学与运动训练研究

雷炳烽　著

吉林科学技术出版社

图书在版编目（CIP）数据

体育教学与运动训练研究 / 雷炳烽著. -- 长春 ：
吉林科学技术出版社，2023.8
ISBN 978-7-5744-0932-3

Ⅰ．①体… Ⅱ．①雷… Ⅲ．①体育教学－教学研究－
高等学校②运动训练－教学研究－高等学校 Ⅳ．
① G807.4 ② G808.1

中国国家版本馆 CIP 数据核字（2023）第 201206 号

体育教学与运动训练研究

著　　者	雷炳烽
出 版 人	宛　霞
责任编辑	王凌宇
封面设计	树人教育
制　　版	树人教育
幅面尺寸	170mm×240mm
开　　本	16
字　　数	220 千字
印　　张	10
印　　数	1-1500 册
版　　次	2023 年 8 月第 1 版
印　　次	2024 年 2 月第 1 次印刷
出　　版	吉林科学技术出版社
发　　行	吉林科学技术出版社
地　　址	长春市南关区福祉大路 5788 号出版大厦 A 座
邮　　编	130118

发行部电话 / 传真　0431—81629529　　81629530　　81629531
　　　　　　　　　　　　81629532　　81629533　　81629534

储运部电话　0431—86059116

编辑部电话　0431—81629520

印　　刷	三河市嵩川印刷有限公司
书　　号	ISBN 978-7-5744-0932-3
定　　价	80.00 元

前　言

伴随着体育教学改革的逐步深入，体育教学改革研究的成果越来越多，在这样的情况下，笔者主要针对体育教学创新与运动训练展开研究，旨在为体育教学改革创新发展与运动训练的科学化发展提供一定的理论参考，做出一定的贡献。本书不是采用纯理论推演的方法，而是密切联系我国体育事业的发展和体育改革的实践，为体育改革提供相应的理论模式或理论参考。通过学习，要能够运用相应的理论知识，正确认识和理解体育实践中的问题，提高分析问题和解决问题的能力，促进未来工作的顺利进行。另外，本书在内容上仍采取从抽象到具体，从原理到操作，层层推进又自成体系，既强调应有的理论深度，又注意具体的操作运用。

本书在撰写的过程中得到了广大同事的帮助，也参考了许多同行及相关领域专家的文献资料，在此表示衷心的感谢！由于笔者水平有限，时间较为仓促，书中有遗漏或不 足之处，敬请广大读者和专家提出宝贵意见。

目　录

第一章 体育教学概述

第一节 体育教学基础知识

一、教学的概念

教学的突出特征在于它是一种特殊的教育活动。广义上讲，教学就是指教的人指导学的人以一定文化为对象进行学习的活动，教的人不仅指教师，还包括各种有关的教育者；学的人不仅指学生，还包括各种有关的学习者。狭义上讲，我们所说的教学就是学校教学，是专指学校中教师引导学生一起进行的，以特定文化为对象的教与学相统一的活动。在范围上，教学是特指各级各类和各类形式学校中的教学，一般在家庭中和社会上不用"教学"而用"教育"；另外，教师在教学活动中的角色是组织引导者，而不是传统意义上的"主宰者"，这是当代的新观念；同时，教学既不仅仅是"教"又不仅仅是"学"，而是教与学的统一，教融于学中，学有教的组织引导。

因此，教学就是在教育目的的规范下，教师的教与学生的学共同组成的一种教育活动。通过教学，学生在教师有计划、有步骤的引导下，掌握系统的科学文化知识和技能，发展智力、体力，陶冶品德、美感，形成全面发展的个性。

二、教与学的关系

教与学作为两个不同的动词和动作即过程，作为两个不同的名词和与此有关的人的行为即活动。这两种活动是单独的、双边的，也是共同的、统一的。

教与学是两种活动、两种过程。教是教师的行为和动作。教的意义一般是指"讲授""教授""传授"，还可指教学。前者是一种较古老的教，后者是把教作为一种职业，教授学生的职业，没有把教和学分开，也可作为教授的代名词。

学是学生的行为和动作。学的意义是学习、模仿、掌握等。在教学活动中，教师、学生、教材以及教学环境等因素之间交互作用与联系，构成了一系列错综复杂的教学关系，其中教与学的关系是教学活动中最根本的关系。在教学中首先要抓住这一根本关系，去研究教学问题，揭示教学规律。

教与学是两类不同的活动，这两种活动是单独的，分别由教师和学生进行。原则上是可以独立存在的，但实际上是分不开的。不能只强调"教师中心论"，也不能只看重"学生中心论"。

一方面，只教是不行的。因为教需要对象，没有对象的教是无意识的教，不可取。教学形式大多是指课堂的教学，有意识的教，有意识的学；有教材的教，有教材的学；有计划的教，有计划的学，这是基本原则。这样，教学就是教师教、学生学，是双边活动。在某种意义上，也是共同的活动，就是大家在课堂上，为了一个共同的目标：学生的学习。人们发现不管有多少不同的教师，用什么不同的教法，总有一些学生是学得不错，也总有那么几个学生是班级最后几名。人们还发现一个教师用一种方法使用同一本教材，有的学生一段时间学得很好，而另一段时间却恰恰相反。这说明一个问题，学生的重要性，学习的重要性、教授的辅助性和非决定性因素。

另一方面，片面地只强调学也是不科学的。"学生中心论"把"教室"变成了"学室"，把"教材"变成了"学本"等。总之，要把以教师为中心，变成以学生为中心。这种认识认为教师的主导作用和学生的主体作用是教学的一般原则，这无疑是一大进步。第一，认识到学生在教学中的作用；第二，认识到教与学不能互相代替，即不会以讲代学，以学代讲，以讲代练，也不会放任自流。然而当你考虑统一的问题，当你考虑在课堂上教学的时候，总感到意犹未尽，各自为战。

总之，教学就是教与学，不是只教，不是只学，更不是教学，应该是教授和学习的统一体，是教师和学生的共同活动，这两种共同活动建立在"教授主旨是促使学习的活动"和"教授的证据在于学习"的理论上。这既阐明了教与学的关系，又暗示了教与学的统一。

三、体育教学

体育教学论研究的对象是体育教学。体育教学与其他各科教学一样具有共同性，都是一种有目的、有计划、有组织的对学生传授知识和技能，发展智力和体力，培养品德和形成个性的教育过程。但又有其特殊性，它是实现学校体育目的任务的基本途径。今天，体育教学已不限于学校体育，它还兼及竞技运动和社会体育的教学，但学校体育的目的、任务主要是通过体育教学来实现的。因此，把体育教学定义为：在学校教育中，学生在教师有目的、有计划、有组织的指导下，积极主动地通过掌握技术和技能，增进身心健康，提高身体活动能力、自然和社会环境适应能力，培养良好的思想品德，促进个性发展的教育过程。

（一）体育教学的构成要素

从系统论的观点看，可以把体育教学过程当作一个整体系统来考察，即体育教学系统是一个多层次、多要素的复杂系统。所以，体育教学系统的要素即体育教学过程的要素。

体育教学过程的每一层次都包含着相同的要素，这些要素的整合就构成了完整、统一的教学过程。关于体育教学组成要素有三种不同的观点：

一是三要素说。该观点认为，体育教学系统是由体育教师、学生和体育教材三个基本要素构成的。二是四要素说。该观点认为，体育教学系统是由体育教师、学生、体育教学内容和体育教材手段四个要素构成的。三是五要素说。该观点认为，体育教学系统是由体育教师、学生、体育教材、体育教学方法和教学物质条件这五个要素构成的。

从以上几种观点中可以看出，无论是哪种观点，有三个基本的要素是共同的，即体育教师、学生和体育教材。体育教学活动的主体是人，体育教学过程是教师与学生双边统一活动的过程，因此体育教师和学生是体育教学必不可少的两个基本要素。除此之外，它们共同的作用对象是体育教材。在这一教学过程中，教师是通过教材这一媒介与学生发生作用的。体育教学系统的构成性要素主要是体育教师、学生和体育教材。它们之间是相互联系、相互依存和相互作用的。

学生作为正在成长中的、学习中的主体是有千差万别的，由于体育教学中学生身体直接参与，学生在体育活动中出现的差异更加明显与突出，更需要教师对学生的认识了解。每一位学生无论是在体形、体能和身体功能，还是情感、气质、性格、兴趣、爱好以及个性等，由于遗传、家庭、学校和教育等方面的原因，表现出明显的差异性。

体育教师在体育教学中担负着社会的使命——培养下一代。因此，无论从哪个角度讲，体育教师都是体育教学系统中起关键性作用的因素。体育教师的个性、能力、水平、事业心、责任感以及体育教师与学生的关系和教师在学生中的威信，都对体育教学的效果产生了重要的影响。

体育教材指体育教师指导学生体育学习的一切教育材料，它是体育教学中师生相互作用的媒介，是体育教师要教、学生要学、练的对象。体育教材的选择与组织一方面要考虑社会发展的需要，尤其表现在社会发展对教育、学校体育目标的制约；另一方面，要考虑体育运动特点，要充分考虑学生对体育教材的理解、接受与喜爱的程度。体育教材的内容范围、难度等都直接影响着体育教学的成效，也直接影响着学生的身心发展。

（二）体育教学规律

1. 要遵循与学生身心发展水平相适应的规律

教育和教学必须与学生身心发展水平相适应，这是一条基本规律，体育课也必须遵循这条规律。体育课要促进学生的一般发展和特殊发展，这就要求体育课的目标要定得适当，教学方法、手段等也要适当。要达到这点，就必须了解学生的现有发展水平，针对学生的"最近发展区"，促进其不断发展。

2. 要遵循学生生理的心理指标起伏变化规律

在体育课的教学活动过程中，学生生理和心理方面，都承受着不同强度和数量的负荷。引起一系列生理和心理指标的变化。由于在体育课的教学过程中，学生有各种不同的学习活动方式，如听讲、观察、进行身体练习、帮助同伴以及休息，等等。这些方式的改变，对学生身心有着不同程度的影响，于是学生机体生理指标和心理指标的变化便易呈现出波浪形，这种高低起伏的变化是体育课教学特有的，是客观存在的，体育课的进行要遵循这个规律，保持合理的生理、心理起伏变化的节奏。

3. 要遵循感知、思维和实践结合规律

体育课上学生大部分时间是在从事身体练习，耳、眼和机体等感官直接感

知动作，大脑积极思考如何行动，机体去协调做动作。其中，直接感知是基础，思维是核心，实践是归宿。这三个环节是紧密结合的，缺少哪一个都会影响体育课教学的效果。因此，这也是体育课必须遵循的。

4. 要遵循掌握体育知识技能螺旋式上升的规律

体育课教学要向学生传授有关的知识、技术和技能等。一种知识、技术和技能掌握以后，如果不及时强化，就会遗忘或消退。在前面传授的知识、技术、技能衰退现象，后面的体育课不应改变这种现象，使前面学习的知识、技术、技能得到巩固、完善和提高。所以，学生掌握体育知识、技术、技能螺旋式上升，也是体育课教学应遵循的一条规律。

第二节 体育教学的目标与特点

一、体育教学目标及相关概念

（一）体育教学的条件关系

体育教育领域中，与体育教学目标相关的术语较多，如体育教学目标、体育教学任务等，因而人们容易混淆。那么，"体育教学目标"与相近的"体育教学目的""体育教学任务"之间是什么样的关系呢？

1. 体育教学目的、体育教学目标、体育教学任务的含义

（1）体育教学的目的

体育教学的目的就是人们设立体育学科和实施体育教学的行为意图与初衷。体育教学目的也是贯穿整个体育教学的指导思想，是对体育教学提出的概括性的和总体性的要求，它把握着体育教学的进展方向。

（2）体育教学目标

体育教学目标是努力的方向和预期的成果，是"要在各个阶段达成什么和最后达到什么"的意思。由此而论，体育教学的目标是人们为达到体育教学的某个目的在行动过程中设立的各个阶段预期成果以及最后的预期成果。

（3）体育教学任务

体育教学任务是受委派担负的工作或责任，即上位的人或事对下位的人或

事提出的要求及布置的工作,是"要做什么"的意思。由此而论,体育教学任务是为了完成体育教学目的、实现体育教学目标所应该做和必须做的工作。

2.体育教学目标、体育教学目的、体育教学任务三者之间的关系

体育教学目标、体育教学目的、体育教学任务三者之间应是如下的相互关系。

第一,各个阶段的体育教学目标的总和就是最终的体育教学目标。

第二,最终的体育教学目标是实现了体育教学目的的标志。

第三,体育教学任务是为实现体育教学目的和体育教学目标所应该做的实际工作和责任。

3.教学目标与教学目的

人们往往把体育教学目的和体育教学目标混淆。在现代汉语中,"目的"的意思是"想要达到的境地或想要得到的结果"。从这一意义上,把"教学目的"理解为教学活动预期要达到的结果,它规定着教学活动的方向和标准要求:由于在汉语词汇中"目的"和"目标"并没有质的差别,因此,将教学目的和教学目标视为同一。

其实二者既有密切联系,又有明显区别。体育教学目标是体育教学目的的具体化,与体育教学目的在方向性质上是一致的,都是教学活动所要预期达到的结果。其区别:第一,体育教学目的与体育教学目标是一般与特殊的关系,体育教学目的是对体育教学活动的总要求,对体育教学活动具有普遍的指导意义,而体育教学目标是对体育教学的具体要求,只对特定阶段、特定范围内的教学活动有指导规范作用,如某一课时、某一单元的教学活动;第二,体育教学目的具有稳定性,而体育教学目标具有一定的灵活性,体育教学目的体现了社会的意志和客观要求,特别是体育教学目的是以指令性形式表现出来的,而体育教学目标则较多地体现了体育教学活动的主体要求,有一定的自主性,体育教师可以根据教学的具体情况予以制定、调整,有一定的灵活性。

体育教学目标对整个体育教学活动起着统贯全局的作用。教学目标反映教育思想.也反映对教学规律、教学过程等客观性教学要求的看法。教学目标一经确定,便对其他主观性教学要求发生影响,即影响到教学内容、教学计划、教学方法、教学原则及其他种种的教学行为。当然,人们从教学行为中获得的经验与体验又反过来使自己对教学目标进行再思索,或进一步加深对教学目标

的理解或对教学目标做某种幅度的调整。

教学目标具有两个特征：一是可行性。说明目标的内容，即说明做什么和如何做。二是预期性。用特定的术语描述教学后学生应能做以前所不能做的事情，即教学后所要达到的结果的详细规格。

4.教学目标与教学任务

体育教学任务是为了完成体育教学目的、实现体育教学目标所应该做的而且是必须做的工作。教学目标与教学任务虽然是同一个范畴，但又有区别。第一，教学任务是以教师为主体的，教学目标则是在一定教学时间内各种教学活动行为要达到的标准和境界。它是以教师为主导、学生为主体的。第二，教学任务是比较笼统的，分不出阶段和层次。教学目标的描述由于采取具体的行为动词，因而对教学过程的阶段、深度和层次有明显的限定。第三，教学任务是教师对教学的期望，缺乏量和质的规定性，观察和测量都难以进行，其结果难以评价。教学目标则将教学任务具体化和量化，可观察、测量，或作为评价的依据。第四，教学任务一般为教师所掌握。教学目标师生都要明确和掌握，学生可以根据教学目标进行自我学习和自我检测，有利于提高学生学习的主动性和兴趣。

5.体育教学目标的概念

体育教学目标是依据体育教学目的而提出的预期成果。这个预期成果可分为阶段性成果和最终成果，阶段性成果是体育教学的阶段目标；阶段性成果的总和就是最终成果，即体育教学总目标。体育教学总目标是体育教学目的得以实现的标志。

（二）制定体育教学目标的依据

1.对学生的研究

教育是一种改变人行为方式的过程。这个"行为"是从广义上说的，它既包括外显的行动，又包括思维和感情。从这个角度去认识体育教育时，体育课程目标就是体育教育寻求学生发生各种行为变化的代表。要使体育教育达到预定的目标，就必须对学生进行各方面的研究。

（1）学生身心发展的规律

体育课程的主体是学生，体育教育的工作要求、内容选择、安排和组织形式，以及教育、教学、训练方法手段等，都要以遵循学生身心发展的规律为前提。学生心理发展的主要特点，主要包括学生的认知发展、情感和意志发展、个性发展三个方面；生理的主要特点包括身体的形态发育、机能发育和素质发展三个方面。不同年龄的学生，其身心发展的特点是不一样的。体育教育工作必须结合学生身心发展特点来进行，才可能有针对性，这样才能达到预先设计的"目标"。

因此，学生身心的发展规律是确定体育课程目标的生理和心理依据，它反映学生身心发展的客观规律和作为体育课程主体的客观需要：只有充分认识学生身心发展的特点，所确定的体育课程目标才是科学的，并能指导实践，实现体育课程目标。

（2）学生全面发展需要

教学与发展的问题是教育学的核心问题之一，它同教育科学的一系列其他重大问题都有这样或那样的联系。客观真理和科学是现代课程的支柱和核心，对原理结论的被动接受与对科学真理的绝对服从导致了人们主体意识的减弱和人生目标的迷失，以致出现了被书本知识主宰和控制的"异化"现象。很少有人去探寻课程实践中人性发展的内涵，精神提升的意蕴，也很少有人把课程与人的精神解放、生命历程联系起来。在这种情况下，提倡对人的主体与人生目标的哲学探讨，将会把课程研究提升到一个新的境界。因而，人的生命和发展都应该是课程研究和出发点，任何知识内容的安排都应以人的发展为依据、准绳。

"发展"主要是指人的发展。关于人的发展问题历来是哲学、心理学、社会学、人类学和教育学等众多学科关注的重要课题。教育学把人的发展看作是个体的人的天赋特性和后天获得的一切量变和质变的复杂过程，即由一个生物性的个体变成一个具有无限创造能力的社会成员，其中包括身体、智力、品德、审美和劳动技能等的形成和发展。

教育学中讨论的人的发展，既包括个体的自然发展，又包括个体的社会发展。人的自然发展和社会发展常常是密切关联的，是相辅相成的。这样的情况说它是自然发展也可以，说它是社会发展也可以。当然也有自然发展包含着一部分社会发展和社会发展包含着一部分自然发展的情况。由此可知，作为学生个体的发展，实质上是人的不同自然成长因素、社会因素和基于社会的教育过程综合作用的发展，这也说明了为什么每一个学生个体在同样的教育环境下会表现出不同的学习能力和发展水平：作为体育课程的主体——学生，无论是否接受了体育课程的教育，其都会在自然成长因素和社会因素的影响下成长和发展的。而体育课程的作用则是通过体育的手段引导、鼓励、教育使之能够更为健康地成长、发展，从而达到社会所需要的人才标准。由于体育课程所面临的任务是培养、塑造处于不断发展中的人，所以，应当说体育课程的主体是"发展人"。"教育是人类有意识地促进自身发展的实践。"也就是说，体育课程的根本任务是根据人的发展的概念中必然包括的生物因素和社会因素，来促进学生的健康发展。

既然人在生物因素和学校教育以外的社会因素下仍然可以得到发展，那么，围绕主体所进行的体育课程主要着眼于儿童、少年、青年，直至成年人的成长，即"发展人"。所以，在体育课程的任何阶段，当考虑其目标和计划时，都必须遵循人的发展基本规律来设计、制定并实施。无论是群体的人，还是个体的人，其发展的规律和状况都应该成为制定体育课程目标和计划的基本依据。

2. 对社会的研究

对社会的研究，主要是研究社会的需要，是指社会经济、政治、科学文化、生产力的发展水平对体育课程提出的要求。它集中体现社会在培养人的质量规格要求上。当今世界正处于激烈的国际竞争和新技术革命的挑战时代，世界范围的经济竞争、综合国力竞争，在很人程度上是科技和人才的竞争，归根到底是教育的竞争。我国改革开放和现代化建设事业已经迈进了新的世纪，面对新的形势，我国体育课程要根据新形势对人才的要求，考虑我国对体育教育提供的必要条件、合格体育师资的数量与质量、场地、器材设备、工作经费等实际情况，制定出来的体育课程目标才是科学合理的。

在对社会需求的研究中，不能忽略了社会文化传承的需要。文化的传承，不只是静态的积累、保留和传递。它应是选择性地汲取传统文化的精髓，转化为适合时代的有用东西，并加以传扬下去。

教育是个人发展和社会生活延续的手段，就其本质而言，它乃是实现人类文化传承的最主要手段。自然，体育教育是体育文化传承的主要手段，而体育教育的核心就是体育课程。体育课程的文化传承功能主要体现在：首先，体育本身就是一个文化现象，学习体育就是接受体育文化熏陶。体育作为国际社会文化现象由来已久，现代体育的产生和发展与近代文化发展史息息相关。通过体育课程，就能够接触并认识一定的社会文化。其次，体育课程又是体育文化传承的媒介，学习体育就为传承体育文化提供了捷径。学习体育的一大好处就是能为学习者打开认识体育文化的大门。此外，体育课程本身的功能特点，有利于体育文化的传承。现代体育课程的结构丰富，体育文化的传承途径选择，体育的显露课程、隐蔽课程、社会课程与体育文化的传承互为补充。

3. 对学科的研究

学校课程毕竟是要传递通过其他社会经验难以获得的知识，而学科是知识的最主要的支柱。由于体育课程专家谙熟课程的基本概念、逻辑结构、探究方式、发展趋势，以及学科的一般功能及其相关学科的联系，所以，体育课程专家的建议是该课程目标的主要依据之一。

体育课程本身的功能是制定课程目标的重要信息，是课程内部特性的反映，是课程实施过程中，学生所要获得的体育教育的结果。到目前为止，体育课程的功能是多元化的：健身功能、教育功能、启智功能、情感发展功能、群育功能、美育功能、娱乐功能和竞技功能等。

由此可见，只有依据这些功能所确定的体育课程目标，才能充分发挥学校体育的作用，使目标的实现成为可能。

（三）体育课程目标的层次结构

体育课程目标应该是什么呢？是促进学生的全面发展，是"增强体质"或是"促进健康"，还是学会某项运动技术。从这些目标中可以看出，它们之间并不是处在同一层次上的。此外，对同一层次的目标而言，还存在着不同领域和水平的区分。课程目标是有层次结构的，不同的层次结构发挥着不同的功能。

1. 课程目标的纵向层次

根据目标的上下层次关系，可以依次将课程目标分为以下几种不同的层次。

（1）课程的总体目标——教育目标

所有课程的共同目标，即课程的总体目标。课程的总体目标的规定，反映了特定社会对合格成员的基本要求，与该社会员根本的价值观一致，一般有浓厚的社会政治倾向。这一层次的目标经常被写进国家和地方的法规，或其他形式的重要的课程文件当中。

从国家或整个社会的角度来看，教育目标只能是总体性的、高度概括性的，而不可能是具体的、菜单式的。就课程编制而言，总体目标具有导向性，渗透在课程编制的各个方面，可运用于所有的课程实践。例如，在考虑课程的宏观结构时，必须服从教育目标的根本方向，在决定课程的具体内容时，必须保证与教育目标要求符合，像义务教育阶段各门课程的设置，能否满足学生全面发展的要求。各门课程所选择和涉及的内容，是否与学生全面教育目标方向相一致，等等。当人们从总体上考虑和判断具体课程的意义和价值、课程结构的科学性、课程内容的合理性时，经常是用教育目标作为根本依据的。

（2）课程总体目标的具体化——培养目标

课程的总体目标——教育目标，是整个国家各级各类学校必须遵循的统一的质量要求，各级各类学校根据国家的教育目标和学校的性质、任务对培养对象提出特定的要求，这就是人们平时所讲的培养目标，如基础教育、高等教育、职业教育等培养目标。培养目标是总体目标在各个教育阶段或不同类型学校中具体化的体现，两者没有实质性的区别。

尽管培养目标是教育目标的具体化，但仍然是具有高度的概括性，如通常用发展学生文化、科学、技术的基础知识和基本技能等表述方式，并不涉及具体的学科领域，而只是对各个教育阶段和各级各类学校中的各种学科课程的编制提供相应的依据。同样各个教育阶段和各级各类学校中体育课程也是根据培养目标而编制的。

（3）学科领域的课程目标

学科领域的课程目标实际上就是人们通常意义上所讲的课程目标，这一层次的目标适用于一定阶段的具体课程，要研究的体育课程目标就是属于这一层次的。这个层次上的目标比培养目标更为具体，可以说是培养目标在特定课程领域的表现。学科领域的课程目标的确定首先要明确课程与上述教育目标、培养目标的衔接关系，以确保这一要求在课程中得到体现；其次，要在对学生的特点、社会的需求、学科的发展等各个方面进行深入研究的基础上才有可能确定行之有效的学科领域课程目标。学科领域的课程目标有助于澄清课程编制者的意图，使各门课程不仅注意到学科的逻辑体系，还要关注教师的教与学生的学，关注到课程内容与社会需求的关系。体育课程的目标实际上就是结合体育学科本身的特点、教育目标、学校的培养目标、学生的特点以及社会的需求而制定的。

（4）学科领域课程目标的具体化——教学目标

尽管学科领域的课程目标有细化和可操作性的趋势，但仍然是总体性的或阶段性的一般目标；而作为短期的某一教学单元以至某一节体育课，又如何分析它的目标体系呢，这通常称为单元或课的教学目标，实际上它们是学科领域的课程目标的具体化。课的教学目标又是单元教学目标的具体化，是最微观层次的课程目标。这一层次的目标通常分析到操作化的程度，它往往与具体的情景联系在一起，对体现较抽象的课程目标的结果给予明确的界定，引导教学的展开。

教学目标是一所学校在确定体育课程的实施方案并制订以单元为基础的全年教学计划以后，由任课教师制定的，它是教师制订单元计划和课时计划的根据。过去，我国较为重视的是课时计划，并把一堂课看作是最基本的教学单位。其实一堂课是最基本的教学学位，却不一定是一个完整的基本教学单位，因为一堂课不能把一个教学系列完整地教给学生，有时只完成其中一部分。只有一个教学单元才能把一个完整的教学系列教给学生。因此，在改革的新形势下，应当更为重视单元计划的构建和单元目标的设计。

2. 课程目标的横向关系

课程目标的横向关系实质上反映了各种目标的区分以及相互关系。"目标领域"是指预期学生学习之后所发生变化的内容领域。在教育目标这一层次上，我国通常用德、智、体或德、智、体、美、劳来划分目标领域，无论怎样划分目标领域，各领域对总的目标来说都应当具备逻辑的合理性，它们彼此之间在相互关系上虽然可能是并列和平行的，这样使得议程目标更加具体、清楚和明确，但它们之间必须是个相互联系的整体，每个领域都不能脱离其他领域而单独实现课程目标。

二、体育教学目标与体育学科功能、价值的关系

（一）体育学科的多功能

功能取决于事物的性质和特点，同理，体育学科的功能来自体育学科自身所具有的性质和特点。由于体育学科的内容产生于不同的文化现象，如产生于军事中的体育活动、产生于民间娱乐中的体育活动、产生于教育中的体育活动、产生于养生保健中的体育活动、产生于竞争竞赛中的体育活动，等等。因此，体育学科具有了上述这些文化母体所带有的多样功能和特征。

（二）体育学科的价值

由于体育学科具有多样的功能和特征，使得体育学科具有了价值取向多样性。功能与价值有着非常密切的联系，但二者又不相同，功能是一个事物或物体固有的作用范畴，而价值则是利用者面对这个事物时的态度和选择，即价值

取向。虽然体育学科的功能是相对稳定的，但在不同的历史背景下和不同的国度中，体育学科的各个功能被不同程度地加以利用，体育学科被赋予各种各样的价值。此时，体育学科有些功能可能被忽视，这方面的价值也难以实现。

当然，人们在注重追求某种体育功能并努力实现某种体育价值时，也并不是绝对单一的，在多数情况下，人们是同时追求几种体育的功能，注重实现体育的多种价值，只不过是更注重、更强调某个功能而已。

（三）体育教学目标、体育学科的功能及价值之间的关系

功能、价值和目标的意义各不相同。功能是一个事物固有的、客观的属性；而价值是外赋的、主观的属性；目标则是根据功能进行价值取向后的行为效果指向。

功能是事物固有的和客观的属性，而价值是外赋的和主观的属性，也就是说，一个事物即使具有这个功能，而人们如果没有看上这个功能，也不会把这个功能的实现作为目标；相反，一个事物不具有这个功能，即使人们非常希望通过这个事物实现这个功能，也是无济于事的。所以，不能将功能简单地等同于目标，也不能将价值简单地等同于目标。虽然认识到了体育的多种功能，但也不能将这些功能都不加分析地作为体育学科的目标。

体育学科的功能不会有大的改变，但不同的社会和不同的历史阶段会有不同的体育价值取向，因此体育教学的目标会随着社会的变化与发展产生相应的变化。

三、合理制订体育教学目标的意义

由以上分析可以看出，合理地制订体育教学目标对于体现体育学科的功能，完成人们对体育学科的价值期待是非常重要的。合理制订体育教学目标的意义主要体现在以下几个方面：

（一）充分发挥体育学科教学的功能

只有合理地制订了体育教学目标，才能明确要实现哪些体育教学的功能，如健身的目标可以帮助实现体育教学的健身功能，愉悦身心的目标可以帮助实现体育教学的满足乐趣功能，传授技术的目标可以帮助实现体育教学的授业功能，等等。如果乱定体育教学目标就不能充分发挥体育教学的功能，如有些老

师不适当地制订了"研究"和"创造"的体育教学目标，使目标偏离了体育教学的基本功能，因此也就无法发挥好体育教学的主要功能，使得这些体育课上得空洞而虚假，使得体育教学质量大为下降。

（二）保障实现体育的教学目的

只有合理地制订了体育教学目标，才能稳妥地实现体育教学的目的。如前所述，体育教学目标是体育教学目的实现标志，如使学生的体格强健是健身目的的标志；使学生每个单元每节课都能愉悦身心是促进学生运动参与的标志；让学生在本学段学好一项有用的运动技能是促进学生体育实践能力形成的标志，等等。如果总的体育教学目标不是体育教学目的的标志，那么就意味着在体育教学目的（意图）没有得到实现。例如，针对高中阶段"培养学生锻炼身体的能力"的目的制订的教学目标却是"发展学生的身体素质，让全体学生都达标"就很不恰当，因为"培养学生锻炼身体的能力"必须是"掌握锻炼身体的方法"的目标，"全体学生都达标"不能标志"学生锻炼身体的能力的形成"，因此这是个不当的目标，当然也就无助于体育目的的实现了。

（三）确保层层目标衔接，最终实现总目标

如果制订好了每一个阶段的体育教学目标，就可以保证阶段体育教学目标的总和等于总的体育教学目标，那么就意味着总的教学目标可以顺利完成；反之，如果错定了阶段体育教学目标，就使得阶段体育教学目标的总和不能等于总的体育教学目标，那么就意味着总的教学目标没有完成。因此，正确地制订好各个层次的教学目标，层层目标衔接是最终实现总目标的可靠保证。

（四）明确和落实体育的教学任务

体育教学目标决定着具体的体育教学任务。目标是标志，没有标志就没有方向，但只有标志没有具体的行动，标志也是没有意义的。因此，要有具体的体育教学任务来支撑目标的实现。体育教学任务要以体育教学目标为依据，好的目标有助于明确教学任务，体育教学目标是"的"，体育教学任务是"矢"，有了明确的目标，教学的任务才能"有的放矢"，切实有效。

（五）规约了体育教学过程

体育教学目标不仅在方向上对体育教学起着指导作用，而且在具体的步骤和方法上也具有规约作用。体育教学要取得怎样的结果；要先达到怎样的结果，再达到怎样的结果；它们之间是怎样的逻辑关系；这些都要靠制订阶段的体育

教学目标来明确。体育教学目标预先规定了体育教学的大致进程，体育教学的展开过程就是体育教学目标得以实现的过程。因此，清晰的体育教学目标有利于体育教师对教学活动的控制，有利于提高体育教学设计的预见性和科学性。

（六）指引、激励教师的教与学生的学

目标反映了人的愿望和努力方向。当明确的目标意识延伸到人的行为领域，并同行为相联系的时候，则形成动机和动力源泉。虽然体育教学目标并不完全是由任课教师和上课学生群体制订的，但合理的体育教学目标必定充分反映着教师的努力方向和学生的学习愿望。因此，科学合理的体育教学目标必定可以指引教师的工作，必定可以激励学生学习。体育教学目标为教师指明了体育教学工作的预期成果，使他们清楚地知道自己工作的努力方向。体育教学目标的不断实现还会使教师受到鼓舞，实现过程中的困难也会促使教师去发现和解决问题，所以明确具体而切实可行的教学目标，可以指引教师努力地工作；同理，体育教学目标也为学生的体育学习提供了努力的方向，使他们清楚地知道自己与预定目标之间的差距，学习目标的不断实现会使学生受到鼓舞，实现过程中的困难也会使学生受到鞭策。所以，明确具体而切实可行的教学目标可以激励学生努力地学习。

（七）形成检验教学成果的标准

体育教学目标是到达点，是标志，因此其本身就是很鲜明的和可判断的标准，阶段性目标的达成与否是在教学过程中进行体育教学质量评价的标准；而总目标的达成与否就是在教学过程终结时进行体育教学质量评价的标准。从这一点上讲，体育教学目的和体育教学任务都少有标准的性质，因此难以用来作为检验体育教学成果的标准。

同任何事物一样，体育教学目标也有着自己的结构，体育教学目标的结构是由体育教学目标的外部特征和内部要素共同构成的。

四、体育教学目标的外部特征

体育教学目标的外部特征是：属于体育教学目标内容以外的，但对体育教学目标内容具有规定性的那些特点及其标志。体育教学目标的外部特征主要有：目标的层次、目标的功能与特性、目标的着眼点和目标登载的文件。

（一）体育教学目标的功能与特性

所谓体育教学目标的功能与特性，是指各个层次的体育教学目标都有其独特的"功能"和"特性"，就是"为什么要有这层目标""这层目标是干什么的"等层次目标的必要性和不可替代性。如果不明确各层目标的功能与特性，这层目标就会与其他层目标相混淆，那么该如何考虑、如何制订、如何表述这个目标也就不清楚了，也可以把"目标的功能与特性"理解为"目标的定位"或"目标的个性"。过去有些体育教师把"培养集体主义精神"的目标写进课时的目标，就是因为不了解课时的体育教学目标具有不宜写进如此大的目标的"功能与特性"所致。

（二）体育教学目标的着眼点

各层体育教学目标有着各自要解决的问题，因此各层的目标就有自己的"着眼点"，就是"围绕着什么来看目标"和"围绕着什么来写目标"的视角。例如，学段体育教学目标就是围绕着"本学段学生的身心发展特点"；单元体育教学目标就是围绕着"运动技能学习"，两者在这里是不能互换和颠倒的。因为，学段体育教学目标的实现涉及许多运动教材，因此不可能围绕某一个运动技能来写，它的着眼点是"在这个发展阶段学生需要什么，能发展什么"；同理，单元体育教学目标是学段目标的下位目标，它也不可能围绕学段的发展来写目标，而它的着眼点是"在这个单元中，利用这个运动教材应该发展学生什么，能发展学生什么"。因此，体育教学目标的"着眼点"也是形象地辨别体育教学目标功能的"观察点"。

五、体育教学目标的内部要素

体育教学目标还有它的内部要素，如在体育教学目标中写了"学习单手投篮"，这是一个不合格和不完整的体育教学目标，因为这个目标不具体，也无法用它来检验目标是否实现。如果制订"学习单手投篮"这个目标，只能根据它来判断学生"是否学习了单手投篮"和教师"是否教了单手投篮"。换句话说，只要教师教了、学生学了单手投篮，这个目标就算是达成了，但学了几次，学生学会了没有，都不在这个目标范制之中，因此说这样的目标是"管教不管会"的，是不完整的，也是不能指导体育教学实践的。

（一）条件

条件是决定目标难度的因素。在规定目标难度和学习进度时，可以利用目标中的条件因素来进行变化，如同样是排球的垫球，可以根据条件的变化来改变教学目标的达成难度。例如，条件 A：自己抛球后，将球垫起。条件 B：接垫同伴在 3 米外柔和的抛球。条件 C：接垫同伴隔网抛来的球。条件 D：接垫同伴隔网发过来的球。

（二）标准

标准也是改变目标难度的一个因素，同样是"接垫同伴隔网发过来的球"，就可以通过改变标准来调整目标的难度。例如，标准 A：垫出的球要达到 2 米的高度，并落到本方场地中。标准 B：垫出的球要达到 3 米的高度，并落到本方场地的前半场。标准 C：垫出的球要达到 4.5 米的高度，并落到本方场地的前左方规定的范围内。

（三）课题

课题可以通过改变动作形式来改变目标的难度，如体操中的平衡运动的课题。课题 A：手放在什么位置都可以，做 10 秒钟的单脚站立。课题 B：手在体前相握，抱膝盖，做 10 秒钟的单脚站立。课题 C：闭眼做 10 秒钟单脚站立。课题 D：闭眼并手在体前相握，做 10 秒钟的单脚站立。知识和原理理解方面的目标也是如此。

六、体育教学的特点

（一）身心合一的健身统一性

体育对人自身自然的改造，不仅是形态结构与生理机能的统一，也是身与心的统一。体育教学要在追求学生身体改造的同时，注重学生无形的心理发展。因此，体育教学要善于营造不同于智育教学的、生动活泼的教学气氛，为学生的心理健康发展提供良好的环境。要善于利用体育活动自身所蕴含的吸引力，并通过合理的教学组织，使这种吸引力倍增和放大。体育教学应该是一种快乐的教学，重过程的主动参与，重情绪的积极体验，重个性的独立解放，使人际关系宽松和谐，使学生在轻松愉快的环境中，在欢快愉悦的心境下，自由自在、无忧无虑、不知不觉地获得身心的健康发展。

体育教学中身心合一的健身统一性体现于三个方面：

第一，在体育教学中选择教材时不仅要注重教材对学生身体各部分、各种运动能力和各种身体素质的积极影响，而且要注重教材对学生心理的影响，尽可能从心理学、美学和社会学方面使学生得到良好的体验，在完成动作的过程中，不知不觉地感受协调、默契、流畅和成功的欢喜与愉悦。

第二，体育教学的组织教法必须克服一体化的固定模式，体现体育教学生动活泼的教学形式：让学生活动得更自由、更自在、更开心、更充分，从而达到身心和谐和内外兼修的目标。

第三，在注重学生生理负荷起伏变化的同时，还要注重心理活动起伏变化的规律。在体育教学中，学生的身心同时参加活动。在反复的动作和休息交替的过程中，学生的生理机能变化有一般的规律：当进行练习时，生理机能开始变化，生理机能水平开始上升；达到一定水平后，保持一定时间，然后再开始下降。在一定范围内，由于练习与休息进行合理的交替，所以学生的生理机能变化呈现出一种波浪式的曲线。与此相适应，学生的心理活动也呈现出高低起伏的曲线图像。这种生理、心理负荷波浪式的曲线变化规律，体现了体育教学鲜明的节奏性和身心的和谐、统一。

（二）体育教学过程的教育性

"教学过程永远具有教育性"，这是任何教学过程的一条基本规律。古今中外的体育教学，概莫能外。体育教学的教育性主要体现在两个方面：

第一，在体育教学中组织每一项活动，均有一定的目的任务、组织原则、规则要求、需要学习和掌握相应的动作技术，以及克服各种各样的困难等，这些是构成体育环境的基本因素。学生在这一环境中进行学习、锻炼或参加比赛，就会受到直接的影响。同时，体育环境还包括教师使用的教材，采用的教学方法、教学环境、教学条件、学校传统和班级风气等，这些都会有力地吸引、潜移默化地熏陶感染和教育与之有关的人；提供了许多学生乐于自愿接受，更多情况下是不知不觉接受的、有利于个性品质形成的机会和情景，并可促进良好的思想品德和个性品质迁移到学习、生活和工作等各个方面去，以收体育之效。

第二，在体育教学中，学生的思想感情和作风，很容易自然地表现出来。这有利于教育者把握学生的思想实际和特点，从而对他们进行有针对性的教育。体育教学中，进行思想品德教育的内容是极其丰富的。概括地说，主要包括：

培养热爱集体的情感和意识,培养团结友爱、关心他人、互助合作的思想和意识,培养竞争意识、胜不骄败不馁的精神,培养坚忍不拔、勇敢顽强、机智果断等优良意志品质,以及心情开朗和愉快活泼的良好性格。

（三）教学目标的多元性

体育教学目标既有强身健体、提高运动技能的目标,又有调节情感、提高心理素质的目标,也有促进交往,建立和谐关系,规范运动行为,促进社会化等目标。体育教学目标受政治、经济的制约影响比较大,在特殊的社会背景下,往往还会出现代偿性目标,如新中国成立初期的军事与劳动目标。体育教学目标的多元性与其他学科教学目标相比,有过之而无不及。

（四）授课活动的复杂性

为提高教学的有效性,体育教师课堂教学特点非常突出。不仅需要组织有序得当,还需要调控学生的运动负荷;不仅需要言传指导,还需要动作示范;不仅需要具备一定的教学素养,还需要掌握运动技能。体育教师的教授不仅是体力活动,也是智力活动。体育教师不仅是知识技术的传授者,也是活动的组织者。由此可见,体育授课活动不是看着那样简单,较理论学科的授课活动要复杂。

（五）内容编制的制约性

体育教学内容不仅包括体育理论知识内容,还有身体锻炼内容和体育运动项目内容,各内容在教学中所占比重的多少,都将受到体育教学目标和教学时间的制约。另外,虽然体育教学内容中有些运动内容之间逻辑性不是很强,但这些内容也不能随意编制,不仅要考虑内容的功能与价值,而且要考虑学生的身心特点,还要切合当地和本校的实际情况。

（六）环境管理的重要性

体育教学大都在室外或体育场馆里进行,这些场地环境受外围影响比较大,特别是户外,还受季节和气候的影响。另外,学生在体育活动中流动性的特点,也使开放性的教学环境的管理更加复杂。教学的安全性、健康性、有效性等都要求重视教学环境的管理。

第三节　体育教学的任务与原则

一、体育教学的任务

（一）学习掌握体育的基础知识

使学生理解体育的目的任务和体育在教育中的地位和作用；学会基本实用的身体锻炼的技能和运用技术；使学生掌握与了解身体锻炼的基本原理和科学锻炼身体的方法，以适应终身锻炼身体的需要。

（二）发展学生良好的思想品德

培养学生勇敢顽强和富于创造的精神，遵守纪律，团结协作和朝气蓬勃的体育道德作风；因势利导，全面地发展学生适应于社会和生活需要的个性；提高对体育的认识，培养经常参加身体锻炼的兴趣和习惯；陶冶美的情操。

（三）全面发展学生的身体

根据学生的年龄特点，有计划地进行各项内容的体育教学，以促进学生身体的正常生长发育和生理功能的发展。

上述三项体育教学任务是互相联系的统一整体，它是通过体育的实践活动和理论讲授完成的。这三项体育教学任务，必须协调一致，全面贯彻，不可偏废。但在具体教学中，根据课的具体任务，教学要求和教材特点，而有所侧重，也是理所当然的。

二、体育教学的任务完成

要想在课堂上圆满地完成体育课的任务目的，用传统的教学方式很难达到教学大纲和教材对学生的要求。从时间上说，看一堂课学生锻炼和掌握动作质量的好坏，密度是关键的一环。如果将大辅的知识技术传授给学生，而学生没有足够的时间去消化和掌握，那就很难使所传授的知识和技术转换成有效的课堂质量。由于动作的难度和动作的特殊方面，以及教师对动作、体态、语言表达的差异，使得教师在教某些动作时，很难使学生通过视觉、听觉准确而完整地了解动作的全过程，给课堂教学带来了一定的困难。

在语言与动作的结合方面，体育课上有很多动作往往是教师一边做一边进行解说。这对于慢做和那些可以分解的动作来说还是能够办到的，但对那的只能在快速而连贯的情况下才能完成的动作，就很难做到两全其美了。

因为场地、队形、视角、环境等问题，教师在某一动作时，就要在不同的地点、方向上反复多次地进行示范讲解，才能使所有的学生都能看清和听清动作的做法和要领。这就在无形中浪费了时间，加大了教师的工作量，减少了学生练习的时间。

为了解决体育课中存在的上述问题，很多体育老师都总结出了许多有效的方法。随着电化教学在各学科中的运用与推广，电化教学也以它快速省时、生动直观、图文并茂、信息量大、容易接受的特点为体育教师所采用。在室内理论课中，电化教学一改过去那种教师在上面讲，学生在下面听的常规惯例，利用幻灯、投影、录像等电教手段将学生紧紧地吸引到了教材之中。在课堂上教师在连贯动作示范中无法做出停顿的一些动作，通过画面的定格处理，教师就可以很自然地加以解说。利用字幕和解说也可节省大量的板书和阅读时间，提高授课质量。

在新授课上采用电化教学，可以提高学生的学习积极性，集中学生的注意力，便于教师对学生的组织与管理。由于电化教学内容是事先制作好的，也就不会再出现教师在做示范动作时的失败和重复讲要领做动作的现象。学生可以在最短的时间里就看到最标准最完整的技术动作，听到最简练的技术要领，建立起真实、完整、逼真、系统的表象认识过程，使学生减少和不产生错误的动力定形。

复习课是学生对已学过的动作进行练习改进和巩固掌握。在复习课上使用电教手段可以加深学生对技术动作的认识理解，将感性认识上升到理性认识的高度。既可以将所学过的动作逐一定格让学生对照动作进行有针对性的练习，也可以放录音或录像让学生集体进行复习练习。这样不但巩固了所学的知识而且培养了学生协同一致的良好习惯，对发扬集体主义精神也能起到好的作用。

如果在上综合课时用"分组轮换"的形式进行组织教学，教师就可以集中精力辅导新授教材的一组，而进行复习的一组可以在电化教学的情景中进行自我学习。当教学中因动作本身的难度，教师无法亲身去做示范，学生对动作的方位距离、运动轨迹等空间概念产生疑问时，使用电教手段可以轻松地解决这一难题。如在跳跃练习中起跳后的腾空动作，电影、录像、幻灯都可以在不改变动作技术的情况下，运用慢放或定格的手法，将动作清晰地展现在学生面前，为教师在课堂中讲解动作重点、难点，提供了行之有效的手段。运用电化教学可以帮助教师整理数据资料。总之，要想使电化教学在体育课上运用得好、收效大，就需要做好以下几点：

第一，要根据教学内容、学生情况、课的类型、授课环境、场地器材、组织形式、教学程序、时间分配等条件，来选择电教设备、教学手段等。

第二，必须熟悉电教设备的性能、使用方法及实际操作，以确定选择内容和使用的具体时间。

第三，在备课时要将传统教法与电教手段相结合一同备入教案，要培养几名能够操作电教设备的学生做助手，以便在课堂上进行分组轮换时，学生能自己组织练习。

第四，课前要教育学生爱护公共财物，爱护电教设备，遵守纪律，保证课堂秩序。

第五，要充分利用电化教学的声响、画面、解说等手段对学生进行思想品德方面的教育，提高学生的积极性，培养良好的自我锻炼习惯，使学生得到全面发展。

三、体育教学的原则

（一）体育教学原则的概念

"原则"一词，在汉语中通常指"观察问题、处理问题的准绳"。在教学论中，通常把教学原则定义为对教学的基本要求和指导原理。教学原则对整个教学过程都起着指导作用：第一，教学原则是指导教学活动的出发点，教师要根据教学原则来设计整个教学过程；第二，教学原则是实施教学的总调节器，在整个教学进程中，教师要以教学原则来调节、控制教学活动；第三，教学原则是判断教学质量的基本标准，教学质量的高低从根本上来说，就看教学原则贯彻得如何。因此，每个教师和教学管理者都必须掌握教学论所确定的一系列教学原则。

基于以上对教学原则的分析，体育教学原则是实施体育教学最基本的要求，是保持体育教学性质的最基本因素，是判断体育教学质量的基本标准。

（二）体育教学原则提出的依据

1. 哲学依据

这是最重要的依据。从所应遵循的哲学思想来说，最基本的是两条：一是唯物论，二是辩证法。

违反辩证唯物论，主观主义地杜撰出一些"原则"来的事物是不难看到的，硬要把某些只能在局部地方起作用的东西夸大为在任何地方起作用肯定行不通，对事物的基本关系的分析，具体问题具体分析，这是辩证法的重要内容，这是避免片面性的重要方法，但片面性却常见。例如，直观性原则就是一条有片面性的原则。尽管直观在认识中有重要的作用，而且在教学活动中应当自觉地运用直观，但是，直观只能在有利于认识的启动和深入时才使用，不能为直观而直观。直观适用的范围并不是普遍的，大量的概念、原理是不可能借助直观手段的，"道德"这个概念你怎么去直观地解释？"是一个无理数"这个原理你怎么去直观地说明？这里的片面性也就在这样两点：第一，直观手段的普遍性有限；第二，直观与认识的关系，直观与抽象的关系，这是更重要的方面，但未涉及或未弄清楚。

2. 教育理论依据

按照整个教育科学领域的理论层次来说，应当是这样的。教育理论，从大的方面来说，有教育本质论、教育目的论、教育价值论、教育规律论、教师论、学生论、德育论、智育论、美育论、教学论以及德育体制与教育管理理论等许多方面。

教育目的论、教育价值论所要涉及的人的发展理论无疑对教学原则有重大影响。关于人的全面发展的目标是最基本的，教学应当体现教育目的是这一目标最重要的内容，这一点应为教学原则的制订所充分考虑。然而，传统的教学原则研究对此是比较忽略的。凯洛夫教学原则体系的重大缺陷之一亦在此，他提到的自觉性原则只是附带地涉及教学的教育目的。课程论、教师论、学习论，这些也是对教学原则制订有影响的。教学中的几个基本要素——教师、学生、教材，它们的相互关系及其正确处理是教学原则所应当回答的问题。传统的教学原则研究一般只从教师的角度讲，尽管教学原则必然主要为教师所掌握和运用，但应涉及教学中几个基本要素的关系。对于教材，系统性原则对之给予了部分的注意，特别给予注意的是结构原则。

（三）体育教学原则的作用

体育教学原则是体育教学过程中必须遵守的准则或标准。作为体育教学工作的指导原理和基本要求，体育教学原则对体育教学工作具有指导作用。在体育教学过程中，体育教学原则既是出发点，又是调节中枢。它在一定程度上具体决定着教学内容的安排、教学方法的选择和教学组织形式的运用。学习和掌握体育教学原则，能按照体育教学的客观规律组织教学活动，正确解决教学内容、教学方法和教学组织形式等一系列理论与实践问题。遵循体育教学原则进行体育教学，就能提高体育教学质量；反之，违背了教学原则，就会降低教学效果，甚至劳而无功。

体育教学原则作用的发挥，不是某个原则所能单独完成的，而是需要一个完整的体育教学原则体系以发挥整体功能。所谓教学原则体系就是指：反映教学规律的多个原则之间不是孤立分散的原理，而是有机地相互联系的组合。只有建立一个科学完整的体育教学原则体系，才能发挥体育教学原则对整个体育教学过程的指导作用。由于人们对体育教学规律认识的角度不同，在构建体育教学原则体系的过程中，有的从社会学的角度出发，有的侧重教育学，有的偏重心理学等。就如何建立一个完整的体育教学原则体系，目前的体育教育理论界认识尚不一致。

（四）体育教学原则

1. 自觉积极性原则

自觉积极性原则是指在教师主导下，充分调动学生学习的自觉积极性，发挥学生的主体作用，培养学生学习的主动性和创造性，把认真完成学习任务，变成自觉的行动。

确定自觉积极性原则的依据，这一原则指的是，在教师主导下学生的自觉积极性。它是由教师的教与学生的学的双边活动过程的教学规律决定的。师生关系是体育教学过程中的一对基本矛盾，矛盾的主导方面是教师。因为教师是教育者，他们掌握比较丰富的体育知识、技术和经验，能满足教好学生的需要。在实施教学计划过程中，教师的教起着主导作用，它不仅表现在对计划的制订和执行上，还表现在对教学过程的调节和控制上。学生是教学的对象，是知识、技术的接受者，是学习的主体，但是，学生学习的自觉积极性不完全是自发的，还取决于教师的指导、传授、调节和控制。反过来，学生有了学习和练习的自觉积极性，又能主动地自我调节和控制，并与教师的调节和控制协调一致，才能保证预定教学目标的实现。所以，在体育教学过程中要把教师的主导作用与调动学生学习的自觉积极性很好地结合起来，这是提高教学质量的根本条件。贯彻和运用自觉积极原则的基本要求如下：

（1）了解和熟悉学生

教师必须了解和熟悉所教学生的特点和概况。要了解他们爱好什么、需要什么、擅长什么、有什么困难和不足，等等。这是教师搞好体育教学工作的前提。但是，真正做到了解学生是很不容易的。教师对学生的了解要做到"知人知面又知心"，能够做到这一点，关键在于教师，因为教师是师生关系中的主导者，教师不主动去了解和熟悉学生、关心学生，学生就不可能产生对教师的信赖，当然也就谈不上"知心"。只有做到"知人""知面""知心"，才会有调动学生自觉积极性的基础。

（2）发挥教师的主导作用

学生的自觉积极性不完全是自发的，还必须通过一系列细致工作才能充分调动起来。所以，要调动学生的积极性，必须发挥教师的主导作用。教师的主导作用，不仅表现在教学中，如教师通过讲解、示范、组织教学等手段，把学生引导到所教的内容上来，更重要的应该是给学生提供和创造一种良好的条件，使外因能顺利而迅速地转化为内因，从而调动学生的自觉积极性。

（3）建立民主平等、情感融洽的师生关系

体育教学过程中，教师要为人师表，教书育人，既要严格要求学生，又要满腔热情地关心与信任学生，使师生关系融洽和谐。感情息息相通，这种良好的人际关系，有利于学生能动地参加到体育教学中去。

（4）注意培养学生学习的内在动力

学生学习的内在动力，是鼓舞和推动学生的内驱力。教师应不断提高教学的艺术性和启发性，培养学生正确的学习动机和兴趣。动机是一切行为的前提，是推动学生学习、锻炼的心理依据。只有使学生形成了正确的学习动机，才能发挥学生的主体作用。

（5）培养学生自学、自练和自评的能力

自学、自练和自评的能力是养成学生经常参加体育锻炼习惯、培养终身体育锻炼意识的重要基础。在教师主导作用的前提下，要为学生自学、自练和自评能力的培养与发展，创设一个良好的外部环境，放手让学生独立自主、生动活泼、主动地学习与锻炼。

2. 直观性原则

直观性原则是在体育教学中，要充分利用各种直观方式和学生已有的经验，通过学生的各种感觉器官去感知事物，培养学生的观察能力和积极思维能力，使学生获得直接经验和感性认识，为掌握体育知识、技术和技能奠定基础。

确定直观性原则的依据是辩证唯物主义的认识规律。从生动的直观到抽象的思维，并从抽象的思维到实践，这就是认识规律、认识客观实际的辩证途径。任何知识的来源，都在于人的肉体感官对客观外界的感觉。在体育教学中，学生掌握体育的知识、技术和技能，也是从建立感性认识开始的。首先，必须使学生感知所学的动作，在感知的基础上建立起完整的、正确的动作形象和概念，从而为学生掌握体育的知识技术奠定基础。贯彻和运用直观性原则的基本要求如下：

（1）综合运用身体的各种感觉器官，感知体育教材，扩大直观效果

在体育教学中除通过视觉、听觉来感知动作的形象、结构和要领外，还要通过触觉和肌肉的本体感觉来感知完成动作时肌肉用力的程度、方法，及空间与时间的关系等，以扩大直观教学效果。

（2）充分发挥教师本身对学生的直观作用

教师自身的一切活动，都是学生观察的目标，特别是教师的动作示范、语言表达等都是学生获得生动直观的主要来源。学生模仿的能力很强，所以，要求教师必须加强自身修养，提高体育理论和运动技术水平，重视动作技术示范的准确性和规范性。

（3）充分运用多种直观教具和手段

要借助于多种教学媒介和各种现代化教学手段，如模型、图片、幻灯、录像、录音、电影等，以发挥直观教学的作用。

（4）善于引导学生观察和激发学生积极思维的能力

直观性是通过学生直接观察运动动作的形象来实现的。学生在教师的指导下，通过分析、比较、弄清正在学习的与已学过的身体练习有何联系。辨别运动动作的技术结构，找出动作技术的关键，明确正确动作与错误动作的界限，从而形成运动动作的正确表象，同时还要防止一般化的观察和单纯形式的模仿。

此外，选择运用好各种直观位置和把握使用时机，也会取得良好的直观效果。

3. 因材施教原则

因材施教原则是指体育教师在教学中，既要面向全体学生，提出统一要求；又要根据不同班级和学生的个体差异区别对待，把集体教学和个别指导结合起来，使每个学生的才能和特长都能得到充分发展。

确定因材施教原则的依据是学生身心发展的客观规律及个体发展的不平衡性。同一年级和年龄组的学生，他们的身心发展规律具有共同点，因而体育教学可以对他们提出统一的规格和要求。同时，同一年级和年龄组的学生的身心发展又存在着个体差异的发展不平衡性，如他们在身体形态、身体素质、运动能力、兴趣爱好、运动项目专长等方面都存有差异。这些不同点，又要求在统一的基础上，要注意区别对待，因材施教。贯彻和运用因材施教原则的基本要求如下：

（1）深入了解学生的一般情况和个体特点

这是进行因材施教的基础。教师要通过调查研究，全面了解学生的体育认识、兴趣爱好、思想品德、健康状况、体育基础、身体发展等多方面的情况。找出他们的共同点和差异，才能采取不同的方法，因材施教。

（2）面向全体，兼顾两头

教师要把主要精力放在提高学生的成绩上。在制订教学计划、确定教学的目标和要求时，应该是大多数学生经过努力可达到的。同时，还要兼顾两头，解决"吃不饱"和"吃不了"的矛盾。对个别身体素质好，有体育才能的学生，要为他们创造条件，让他们参加课余体育训练，为提高专项成绩打基础。对体弱和身体素质差的学生，要热情关心、耐心帮助，使他们在原有的基础上逐步提高水平，完成教学要求。

（3）从客观条件的实际出发

教学中贯彻因材施教原则，还必须考虑学校的客观条件。不同地区、季节、场地器材设备条件，都会对体育教学起制约作用。教师在制订教学目标时，除了考虑教材、学生的特点、组织教法外，还必须考虑上述各方面的客观条件，这样才能更好地因材施教。

4. 身体全面发展原则

身体全面发展原则是指在体育教学过程中，教材内容的选择和安排要全面多样，使学生身体的各个部位、器官、系统的机能，各种身体素质和基本活动能力，都得到全面发展。

在体育教学中选择多种多样的不同性质的教材，采用多种有效的教学手段，有利于学生身体的全面锻炼和身体各个器官系统的机能得到协调的发展，养成正确的身体姿势。而长时间进行单一的、局部的锻炼，就得不到理想的锻炼效果，有碍学生健康。人体是一个完整统一的有机体。人体各器官系统的机能、各种身体素质与基本活动能力之间，都是相互联系、相互制约和相互促进的，某一方面的发展，会影响其他方面的发展与提高。因此只有以身体全面锻炼为基础，才能促进学生全面协调发展。贯彻和运用身体全面发展的基本要求如下：

（1）全面贯彻教学大纲（或课程标准）提出的目标和要求

认真学习和领会国家教委颁布的体育教学大纲（或课程标准）的精神，全面贯彻教学大纲所提出的目标和要求。制订全年教学工作计划和教学进度时，应注意各类教材和考核项目的合理搭配，保证学生身体的全面锻炼。

（2）身体全面发展的原则落实到课堂教学的全过程

课的准备部分，要全面多样；基本部分教材要进行科学、合理搭配，较理想的方案是，准备部分要以活动全身各部位肌肉、关节和韧带为主，使全身各部位充分伸展，为完成课的目标做准备；基本部分的教材，既有上肢为主的练习，又有下肢为主的练习，使学生身体得到全面、协调的锻炼和发展；课的结束部分，要做好放松活动，并布置课外体育作业，有组织地结束一节课。

（3）不断克服单纯从兴趣出发的倾向

体育教学中应激发学生的学习兴趣，使他们乐于上好体育课。古人说："知之者不如好知者，好知者不如乐知者。"因此采用一系列手段和措施激发调动学生的学习兴趣是必要的。但是，要把激发学生的兴趣，与单纯从兴趣出发两者区别开来。所谓单纯从兴趣出发，就是以学生的兴趣为中心，甚至背离体育教学大纲和全面锻炼的原则，学生喜欢什么，教师就教什么，练什么，这种片面迁就学生兴趣的做法，长此以往，就会带来不良的后果。教师要善于引导，使学生对如何上好体育课和教师教学内容选择，有一个科学的、正确的认识。

5. 合理安排生理负荷和心理负荷原则

负荷包括生理负荷和心理负荷两个方面。合理安排生理负荷和心理负荷就是在体育教学中要使学生承受适当的生理负荷和心理负荷，并使练习与休息合理交替，以促进学生身心全面协调的发展。

确定合理安排负荷的依据：学生在体育教学中生理负荷和心理负荷变化的规律。从生理负荷变化的规律来看，人体功能的改善和提高，必须在适宜的生理负荷的刺激下才能实现，因此，在一定的限度内，生理负荷大，超量恢复的效果也就好；但如果生理刺激的强度过大，超过了一定限度，生理机能就会受到损害；而生理负荷刺激强度过小，对生理机能的发展也不会产生好的影响。

贯彻和运用合理安排负荷原则的基本要求如下：

（1）合理安排授课和复习课

学生的性别、年龄和健康状况不同，安排生理负荷时，要注意区别对待。不同性质的教材，应考虑它们对身体机能的不同作用和影响，做出科学安排。此外，学生的生活制度、营养条件和其他体力活动的负担、所在地区的气候因素及作业场所的环境条件等，在安排生理负荷时也应给予全面考虑。

（2）正确处理生理负荷的量和强度的关系

正确处理生理负荷的量和强度的关系，负荷量和负荷强度应互相配合，逐步增加。在体育教学中通常是先增加负荷量，待适应以后，再增加强度。在增加量时，强度宜适当下降，在强度再增加时，量则应适当减少，这样量和强度交替的增加和下降，密切配合，才能使学生承担负荷的能力逐步得到提高。

（3）正确处理生理负荷的表面数据和内部数据的关系

表面数据是指运动动作练习的量和强度。内部数据是指负荷量和强度所引起的一系列的生理、生化变化。生理负荷的表面数据和内部数据在通常的情况下是一致的。但因学生的体质强弱和身体训练水平不同，一定负荷的表面数据作用于不同的学生，可以产生不同的内部数据。因此，在分析生理负荷时，应把表面数据和内部数据结合起来，加以判断和评价。

（4）安排好心理负荷

安排心理负荷时，既要与教学进程相联系，又要与生理负荷相配合，使其高低起伏，节奏鲜明，起到相互调剂，相互补充的效果。

（5）科学地安排休息的方式和时间

根据生理负荷和心理负荷的特点，科学地安排休息的方式和时间，以达到理想的效果。

（6）做好生理和心理负荷的测量、统计和分析工作

在评价体育课的质量时，既要安排生理负荷的测量，又要安排心理负荷的

测量，以便从生理和心理两个方面进行全面的客观评价。

6. 循序渐进原则

循序渐进原则是指体育教学内容、教学方法和负荷的安排顺序，必须遵循系统性和连贯性的要求，符合学生的年龄、性别特征，使学生按照一定客观规律的顺序，逐步得到提高与发展。

循序渐进原则的依据：人们认识事物的规律、动作技能形成的规律和知识、技术的系统性和连贯性。在体育教学中，必须遵循由易到难、由简到繁、由已知到未知、逐步深化，才能使学生更好地掌握体育的知识、技术和技能，贯彻和运用循序渐进原则的基本要求如下：

（1）提高教师素养

教师要提高自己的文化素养，深刻了解学生身心发展的一般规律和特点，了解各项教材的系统性，以及各项教材之间的关系。

（2）制订好教学

制订切实可行的教学工作计划，保证教学工作系统连贯地进行。在制订教学计划时，每个运动项目、每次课、每学期的内容和教法，都应前后衔接，逐步提高。

（3）安排好教学内容

在安排教学内容时，既要考虑该运动项目的由易到难、由简到繁的顺序，又要考虑与其他运动项目之间的关系。先安排哪个项目，后安排哪个项目，要符合循序渐进的要求，使前一个项目的学习有利于后一个项目的学习。

（4）有节奏地逐步提高生理负荷

体育课中生理负荷的安排，应采取波浪式有节奏地逐步提高。这是因为机体适应某种生理负荷需要有一定的时间。就一学年或一学期来说，应有节奏地交替进行不同负荷的体育课。本次课的生理负荷，应安排在前次课后的超量恢复水平上。但生理负荷总的趋势是逐步提高的。

7. 巩固提高原则

巩固提高原则是指在体育教学中，要使学生牢固地掌握所学的基础知识、基本技术和技能，不断地发展体能，增强体质，并逐步有所提高。

巩固提高原则的依据是运动条件反射建立与消退的生理规律。因为动作技术、技能的掌握、巩固和提高，是通过不断地反复练习而完成的。反复练习可以使运动条件反射不断地建立和巩固，并在大脑皮层建立动力定型。但是，动力定型建立以后，还要继续练习，不断强化，使动力定型更加巩固和完善，否则，已经形成的动力定型还会消退，从而影响教学效果。贯彻与运用巩固提高原则的基本要求如下：

（1）反复练习

组织学生进行反复、经常的练习，增加练习密度，反复强化，不断巩固运动条件反射，是贯彻巩固提高原则的基本方法。每次课都要使学生有足够的练习时间和重复次数。但是反复练习不是简单机械地重复，而是要在原有的基础上逐步提高要求，不断地消除动作的缺点和错误，使学生看到自己的进步，这样就能更好地激发起学生反复练习的自觉性，就更有利于学生巩固和提高所学的知识、技术和技能。

（2）采用提问、测验、竞赛等多种方式

采用提问、测验、竞赛等多种方式，是贯彻巩固提高原则的有效手段。在运用这些手段时，要根据课的目标和要求进行。提问要有启发性。在某一阶段的教学告一段落时，可采取竞赛的手段，观察学生在复杂多变的竞赛条件下，运用所学的体育知识、技术、技能的熟练程度。

（3）改变练习条件

改变练习条件，对巩固提高体育基本技术、技能起到良好作用。改变练习条件包括场地、器材及动作结构、环境条件等。如平地跑改为斜坡跑，改变器械重量和动作组合等。

（4）课内外结合

教师在课堂教学的基础上，可以布置一定的课外体育作业或家庭体育作业，使课内外紧密结合，达到巩固提高的目的。

（5）培养进取动力

不断提出新的目标、培养学生的兴趣和进取动力。

以上体育教学原则是一个完整的体系，应相互联系、互相补充，在体育教学中全面正确地贯彻执行。体育教学原则是一个发展的范畴。但是在一定的时期内，又具有相对的稳定性。随着体育教学实践的发展，人们对体育教学规律认识的不断深化，体育教学原则也将得到不断充实和发展。

第二章　高校体育教学理念

第一节　"以人为本"教学理念

一、"以人为本"教学理念概述

（一）"以人为本"的理论基础

"以人为本"教学理念的提出是在现代人本主义教育思想的基础上发展起来的。人本主义教育思想的产生，源于对现代科学发展中人财科学产品的使用和在智能化时代发展过程中的人的价值的丧失的思考。

进入 20 世纪后，随着科学技术的快速发展，科学主义成为当代教育发展的主流。20 世纪 50 年代的教育改革中，各种教学思想、教学观点层出不穷，其中，认知心理学和行为主义者对人性的认识分析带来困惑，教育工具化，接受教育、获取知识的兴趣的快乐体验无法得到重视，教育单纯成为人们获得更高技能与认可的一个途径。

也正是在科学技术不断发展的影响下，人类社会的生产生活方式和模式发生了很大的变化，科学改变生活，对人们启发很大，人们依赖科技，也会越来越受制于科技，因此在教育层面，人们也越来越强调"人本主义"，旨在将人从"器物"中解放出来。现代人本主义强调，应将人类从依赖科技中解放出来，恢复人在世界中的本体地位，而非依附于科技发展。

从社会发展中人的主体地位的体现到教育领域中对作为学习者、施教者的教学活动参与主体的"人"的重视，"以人为本"思想在包括教育在内的各个领域得到重视。

教育教学中的"以人为本"教学理念旨在将教学活动参与者从传统教学中

的非人性化的状态中解脱出来,恢复人的教学主体地位,强调了"人"的重要性。在教学中,真正关注教师、学生的自我的健康、可持续发展。

"人本主义"理论具有以下几个基本观点:①学习者是学习的主体,应受到尊重;②学习是丰富人性的过程,根本目的是人的"自我实现"。强调教育应促进教学参与者(尤其是学生)人格的完整,促进人的认知与情感的丰富、提高;③人际关系是最有效的学习条件;④"意义学习"是最有效的学习。

(二)"以人为本"的教学观点

"以人为本"肯定了人在教育中的重要作用,在教育教学实践的广泛应用过程中,体育教育工作者和许多学者逐渐总结概括出了以下几个观点:

1.教育的目的是促进师生自我实现

首先,在体育教学中,学生的自我实现是要促进学生的身体、心理、智能、社会性等全方面的自我发展,让每一个学生都能通过体育教学有所进步。体育具有多元教育价值,通过体育教学能促进学生的各种素质的综合发展。在"以人为本"的基础性理论人本理论的支持下,体育教育强调了在体育教学中不仅要重视健康知识和运动技能的学习,还要通过科学的体育教学环境创设和教学过程安排来促进学生的心理、情感、智慧、社会性发展,使学生情感和智力有机结合。教育学家卡尔·罗杰斯认为,体育教育的一个重要教学任务就是在体育教学中促进学生的认知与情感的共同进步与发展,通过体育教学,发掘和发挥每一个学生的学习潜能,培养学生在各个方面的创造性,最终所培养出来的学生应具有创新、创造意识与能力,这样的人才才是社会真正所需要的人才。

其次,在体育教学中,教师的自我实现最基本的就是能创造性地完成体育教学任务,在教学中实现作为教师的这一角色的价值,通过体育教学培养出适合社会发展的合格人才,促进学生的发展与进步。同时,在体育教学中,通过对体育教学的科学设计与各种丰富多彩的体育教学活动的开展和教学媒体媒介的应用来提高自己的教学能力、组织能力、社交能力、科研能力、创造力等,促进自我综合教学能力和体育素养的不断提高,实现自我职业生涯的不断发展,并能在日常工作和生活中身体力行地从事体育健身锻炼,不断提高自身的身体健康水平,并能对学生和周围的人形成一种潜移默化的影响。

2.课程安排应尊重学生的自由发展

在人本教育理念产生之前,传统的教育侧重社会价值和工具价值,人本位的思想和观念使得人们认识到了传统工具化教育是对其本质属性的违背，必须认识到，人是教育的出发点，人本教育将教育的重点落实到人身上，关注人的健康成长。

体育教学所面对的教学对象是人，每一个人都与其他人存在个体差异，教育不是为了"批量生产人才"，而是旨在促进每一个人健康全面发展的基础上的个性化发展，因此，体育教学应在统一要求的基础上做到因材施教，教师必须要尽可能实现多种多样、侧重点不同的教学课程设计，使每一个学生都能在体育教学中有所进步与成长。

3.教学方法选用应重视学生情感体验

人本主义教学理论强调"以人为本"，主张教学以学生为中心，实现个性化发展，而学生的这种发展都是从学习经验中体悟和实现的，因此，这就要求体育教学中应重视科学化体育教学方法的选择，激发学生的体育学习兴趣，为学生创造良好的学习体验。

在"弘扬人的个性，强调以人为中心，尊重人的情感体验"的现代体育教学中，体育教师应全面了解学生、充分尊重学生、真正理解和信任学生，在此基础上，教师与学生之间的"高高在上""师命不可违"的关系才能彻底改变，才有助于教师与学生构建和谐的师生关系。而良好的师生关系的建立对于体育教学活动的顺利开展具有非常重要的意义。可以说，学生对体育学习的态度、个人爱好、获得学分是重要动机，教师的个人魅力因素也具有重要影响。此外，师生的和谐关系建立也有助于教学活动中师生能够更好地配合，从而提高体育教学的质量。

二、"以人为本"教学理念的高校体育教学指导

（一）重新定位体育教育价值

传统体育教学在对"育人"的认识上存在不少误区。长期以来，人们总是在理解体育科学化的基础上，常常采用生物学的观点来对学校体育的价值做出判断，并且过多地关注学校体育"增强体质"的功能。此外，在对体育运动的本质理解上，一些教师存在一定的偏差，以足球运动教学为例，我国体育教材普遍将体育运动确定为"是以脚支配球为主，两个队在同一场地内进行攻守的体育运动项目"，针对此概念，有教师认为，"球"是活动争夺的目标，自然

应该处于主体地位，因此也就忽视了"球"要受制于人，"人"才是整个体育活动中的活动主体。

在全球化的发展背景下，各种思想文化处在不断的发展和融合之中，教育思想也呈现出这一发展趋势，人本理论和"以人为本"教育理念的提出体现了当代社会对人的发展的重视，在体育教育教学领域，当前的学校体育更加强调人性的回归，学校体育的根本出发点和落脚点应是"育人"。

现代高校体育教学中，"以人为本"教学理念是符合当前时代的发展要求的。当前社会，人的发展在社会的各个领域受到了重视，即使是在智能时代，很多机器生产代替了人工生产，但是发明机器、操控机器的还是人，人在人类社会的发展中是起到关键作用的，任何时候都不能忽视人的作用。

人本主义教学理念与思想指导下的体育教学，就是要求教育者在体育教学活动开展过程中关注作为教学对象的学生这一因素，教师的教学活动开展需要学生的参与、配合，如果没有学生的参与，则教学活动就没有开展的意义了。

必须提出的是，教师也是教学活动中非常重要的参与方，也是应该受到关注的。体育教师在教学活动中所发挥的作用也不容忽视。

现阶段，我国的体育教学思想呈现出多元化的发展趋势，诸多教学思想都围绕"人"的教育展开论述，讨论体育教学中如何更好地促进和实现"人"的发展。

（二）体育教学目标的重构

在我国，传统的学校体育教学目标为增强学生体质、掌握"三基"和德育，体育教学过于功利化，过于追求竞技成绩和金牌数量，这些都严重忽视了学生的健康发展，不利于学生的健康可持续发展，也不利于整个教学的可持续发展。

随着体育教学的不断发展，新的科学化的教学理论、教学理念给了体育教育工作者更多的教育启发与指导，体育教学的育人作用被不断丰富和发展，多元化的学校体育价值体系对体育教学目标重构提出了要求。

新时期，"以人为本"教育理念在学校不同学科的教学中广泛应用并渗透，也有越来越多的学者认识到传统的体育教育体制不再适合当前的体育教育教学，不能单纯地追求学生的外在技能水平，而应该重视学生的全面、健康、可持续发展。新时期的体育教学的重点转移到"以人为主"上，在体育教学中，教师必须认识到，人是运动的参与者、是运动的主体，体育运动的教学和训练也必须以促进人的全面发展为根本目标。

（三）学生教学主体观的建立

现阶段，"以人为本"教学理念成为我国体育教学的重要教学理念，我国的体育教学实践活动开展过程中，越来越多的教师开始关注学生，从学生的特点、条件、基础和学习需要出发来选择教学内容、选择教学方法、选择教学组织形式与教学模式，高校体育更多以选修课形式设置，教师也正是通过个人教学能力和对学生的"因材施教"和关心关爱学生、研究学生获得学生喜欢，以此来促进更多的学生选修自己的体育课程。

总之，学生是教学的主体，没有学生，教学也就不复存在。

（四）体育课程内容的优选

传统体育教学对学生的全面健康发展关注不够，体育教学课程内容主要是竞技体育运动技能，体育教学课通常被体能训练课、技能训练课代替，新时期的"以人为本"教学理念重视学生的全面、健康、个性化发展，在体育教学内容选择上，也更加科学。

在"以人为本"教学理念指导下，我国的体育教学有了很大的进步与发展，为了进一步促进我国体育教学的改革，教育部门先后修订各级学校体育教学大纲，强调在体育教学中要不断丰富体育教学内容，通过多样化教学内容旨在促进学生的身心健康与全面发展。高校体育教学中，教学活动开展也建立在落实"健康第一"的教学理念的基础上进行，通过丰富的体育教学内容来吸引学生参与体育锻炼，通过体育教学促进学生身心健康发展，而非传统体育教学中只关注竞技能力提高，有时为达到"竞技力提高的目的"甚至安排不合理教学内容，超负荷地拔苗助长，可能对学生身心健康造成损害，这种行为是"健康第一"教学理念坚决禁止的。

此外，在丰富高校体育教学内容的同时，"以人为本"教学理念还强调体育教学内容与不同大学生的发展需求相适应，在体育教学内容优选中应注意以下几点要求：

第一，突出体育教学内容的趣味性，在课程改革过程中，激发学生学习的兴趣。

第二，强调体育教学内容的健身性，对过度强调竞技技术提高的体育教学内容予以摒弃或改编，使之能更好地为促进高校大学生的身体健康服务。

第三，重视体育教学内容的适用性，体育教学内容的教学实施应有利于学生的当前身体健康发展，并能为高校大学生的终身体育意识和体育能力的培养奠定基础。

第四，关注体育教学内容的创新性，高校体育教学内容还应适应现代化社会发展潮流，应具有启发性、创新性，促进高校大学生的创新意识和能力培养。

第二节　"健康第一"教学理念

一、"健康第一"教学理念概述

（一）"健康第一"的理论依据

从世界范围来看，"健康第一"教学理念的提出是符合世界教育发展趋势和社会对人才的发展要求的。

1. 世界范围内对人类健康发展的重视

在人类社会的发展历程中，健康始终是一个备受关注的课题。人类健康是推动人类社会发展的一个必要条件。

随着国际的大众健康交流日益增多，各国和地区都非常重视本国和地区的大众健康发展，整个社会对体育的功能、价值等方面形成了全新的认识，在教育领域，重视学生的健康发展，成为各个国家和地区重视本国体育事业和教育事业发展的一个重中之重，体育健康教育对增强青少年体质健康水平和通过青少年群体影响周围群众健康、实现青少年进入社会成为社会体育人口间接增进社会大众健康具有重要而深远的影响。

2. 社会发展对人才健康发展的客观要求

随着科学科技的不断进步、经济发展迅速、社会生活节奏日益加快，人类的体力劳动越来越少了，长时间伏案工作所造成的"运动不足""肌肉饥饿"严重影响了人们的身体健康。

在当前和未来社会的发展过程中，健康问题将始终是影响个人和社会发展的一个首要问题，社会的快速发展与激烈竞争要求现代人才不仅要有正确的政治思想，具备扎实的科学知识和能力，还必须具备强健的体格，"身体健康是其他一切健康的基础"，"身体是革命的本钱"，身体健康是个体生活、学习、工作的基础，如果没有一个健康的身体，则很难在社会劳动力竞争中占据优势，社会竞争对劳动力的基本要求就是身体健康。要想在竞争中立于不败之地，必须首先拥有一个健康的体魄。

教育的最终目的是促进个人的健康发展、培养符合社会发展的合格人才，对学生群体的身体健康教育是体育健康教育的重中之重。

（二）"健康第一"的教育特点

"健康第一"教育理念内涵丰富，其在体育教学实践中表现出以下特点：

1. 强调身体健康是健康的基础

"健康第一"，其中所提到的"健康"是全面的健康，是包括身体健康、心理健康、社会健康、生殖健康等在内的多维健康，健康的基础是身体健康。健康的体魄是人类发展的基本标志。教育应首先关注健康教育。

2. 强调多元健康发展的素质教育

"健康第一"作为一个现阶段的重要的先进教育理念的提出，强调体育教育应重视学生的健康发展，指出学校教育教学的首要目标是促进学生的健康成长，学生的身心健康比"卷面分数"更为重要。

3. 强调健康教育的全面性

（1）学生身体健康教育

在"健康第一"思想指导下，高校体育教学应时刻关注学生的各方面健康的综合发展，通过体育教学，关注和促进学生的身体健康发展，也促进学生的心理和社会性的发展，为学生奠定良好的身体基础、心理基础，并能在走出校园走进社会之后能有良好的身心健康状态和水平应对生活、工作、再教育中的各种挑战。

（2）学生心理健康教育

现代社会竞争日益加剧，各种社会竞争要求社会生活中的每一个成员都应具备良好的心理素质，如此才能正确地看待、应付学习、生活、升学、就业、恋爱、婚姻等过程中的各种问题，当前，就我国高校大学生群体而言，许多大学生都深受学业、就业、生活中的各种问题的困扰，存在不同程度的心理问题。因此，教育关注学生心理健康非常必要。体育具有促进运动者健康心理形成和发展的重要作用，现代大学生压力大，也容易受不良因素影响，高校体育教育应关注大学生的心理健康发展，通过体育教学活动开展，促进大学生心理健康发展。

（3）学生社会性发展教育

体育是一种独特的教育形式，学校体育教育可促进学生的社会性良好发展，应该在教学中有意识地培养学生的人际关系建立、竞争与合作能力。

因此，在高校体育教学活动开展中，深入挖掘体育的教育价值，在体育教学实践中充分贯彻"健康第一"的教育理念，切实促进学生身心健康、全面发展。

二、"健康第一"教学理念的高校体育教学指导

（一）树立体育教育新观念

"健康第一"教学理念对我国的体育教育的最重要的影响就是教育重点和方向的转变，新时期，贯彻"健康第一"教学理念，就必须转变体育教育观念，改变竞技化体育教育，关注学生身心健康发展。应该把教育的重心从单纯地追求学生的外在技能水平向追求学生的全面协调发展转移。

新时期，不断强化高校体育教育教学改革，必须落实健康教育，每一个高校、每一个高校体育教育工作者，都应该形成正确的体育价值观、培养良好的意志品质，不断完善性格特征。总之，现代科学化的体育教育应该将体育教育工作理念从以往单纯的"增强体质"为主转移到"健康第一"的新型教育观、发展观。

现阶段，社会发展对人才的要求是全面化的，一名合格的社会人才应该是健康发展的人才，身体健康、心理健康、社会性健康等，缺一不可。

（二）明确体育健康教学目标

在当前的体育教育教学实践中，"育人"是学校体育教学工作最根本的目标，技术教育和体制教育并不能完全作为学校体育实践的重心，"健康第一"的教育理念为促进我国高校体育目标多样性、多层次的建构提出了新的要求。具体如下。

第一，高校体育教育应重视加强学生的体育文化知识教育，提高学生体育文化素养。

第二，高校体育教育应充分融合健康、卫生、保健、美育等多种教育内容，通过内容全面的体育教育来培养学生健康的体育意识、健康的娱乐休闲习惯，远离可能影响个人身体健康的一切不健康因素和事件的影响。

第三，高校的体育教育工作的开展应紧密结合学生生长发育与生活实际开

展健康教育，使学生会自我保护，预防疾病发生。

第四，高校体育教育应重视大学生青春期教育和心理健康教育，将其作为健康教育的重要内容来抓好，为学生在特殊时期的健康成长提供科学指导。

（三）完善体育教学课程体系

深化高校体育教学课程体系改革是促进高校体育教学发展的一个重要和有效途径，要贯彻落实"健康第一"体育教学理念，就必须在体育教学课程体系建设方面做好工作，不断丰富体育教学课程体系内容，以更好地满足当前高校大学生的多元化、个性化的体育健康发展需求。

在"健康第一"教育理念影响下，我国的高校体育教学课程现状发生了很大的改变，如体育课程内容的增加，教学方法的不断丰富、学校体育课内与课外活动的有机结合，体育选修课越来越考虑大学生的学习爱好与需要，体育课程与内容设置针对不同专业学生凸显出了专业特点等。

现阶段，要继续贯穿"健康第一"教学理念，建设更加完善的体育教学课程体系，应持续做好以下工作：

第一，在高校体育教学中，应始终坚持以学生为主体，将学生的身心健康发展放在首位，所有教学活动的开展都应围绕促进学生的健康发展服务。

第二，调整体育教学内容，充分了解学生的特点和需求，对体育教学大纲所规定的教学内容进行科学选择，对与本校实际教学情况和本校学生不适合的教学内容进行调整，使体育教学内容能更好地从理论落实到教学活动实践中。

第三，丰富体育教学内容。通过丰富的体育教学内容吸引高校大学生的体育学习与体育参与兴趣，通过丰富的体育教学内容满足大学生的不同体育学习需求。

第四，重视教学内容的因地制宜，根据本地区气候、资源以及学校自身教学特点来进行特色化的体育教学课程设置，并研究推出更能反映本校学生健康发展的健康检测内容与标准。

第五，重视高校大学生课内体育教育与课外体育活动的有机结合，加强体育课对学生的教育意义和提高学生对体育课的兴趣，并使学生养成科学合理的作息习惯、健身习惯，在课余时间也能科学健身，保持健康的生活方式。

（四）重视体育教学方法优化

良好的体育教学效果的开展受到体育教学方法正确的影响，在高校体育教学中，有很多体育教学方法可以供教师进行选择，不同的体育教学方法有不同的特点，同一种体育教学内容的展现可通过多种教学方法来展现给学生，体育教师应该判断出哪一种教学方法是最合适的，这样可以促进教学方法应用的最优化，进而促进体育教学效果的最优化。重视体育教学方法优化，要求体育教师具有良好的体育教学能力，有能科学选择各种教学方法、有效应用各种教学方法的能力。

（五）教学评价体系的完善

在"健康第一"思想的影响下，体育教学的评价应以学生的体质增强、身心健康发展为重要评价指标，完善体育教学评价体系。

"健康第一"教学理念指导下的高校体育教学评价体系的科学化构建与完善，具体要求如下：

第一，对学生的全面评价中，要重视对多方面的教学效果进行量化分析，并且将定性评价和定量评价相结合，提高教学评价的科学性，促进学生能更好地认识自身的不足以及获得学习的动力。

第二，对学生的全面评价中，要做到评价内容的全面、评价指标的全面、评价方法的全面，还有尽量做到邀请不同的评价主体进行评价。

第三，体育教学不仅注重对学生进行全面的评价，还注重对教师教学方面的评价。

第三节　"终身体育"教学理念

一、"终身体育"教学理念概述

（一）"终身体育"的基本内涵

"终身体育"教育思想的形成是人类自身和社会发展的必然。终身体育包括两个方面的内容：第一，终身教育贯彻人的一生，从出生开始一直延续到生命的结束，在人的一生中，都应养成参加体育锻炼的习惯，体育是日常生活的重要组成部分；第二，终身体育是科学的体育教育，在人的一生中的不同的阶段，都有正确的价值观念来指导和引导个体参加体育活动，并通过体育活动的参加实现身体的健康发展，终身受益。

具体可以从以下几方向来理解终身体育：①时间方面，贯穿于人的一生；②内容方面，项目丰富多样，选择性强；③人员方面，面向社会全体公民；④教育方面，旨在提高全民体质健康水平。

学校"终身体育"教学思想的树立和形成能有效促进我国体育教学的发展，是所有运动项目的体育教学都应该树立的一个正确教学思想和观念。

要切实推动终身体育教育理念在高校的贯彻落实，教师在推动"终身体育"教育思想的落实方面具有非常重要的责任与作用。调查发现，在学生对于体育运动的参与方面，有很多学生受到教师的影响，特别是教师业务水平的影响，教师应在教学中和课堂外都提倡学生积极参与体育锻炼。

在体育课堂教学中，教师应关注学生终身体育意识和能力培养，不能只关注和过于重视技术、技能教学。

在体育课堂外，教师可以组织学生开展各种体育活动、体育游戏，对高校大学生体育俱乐部活动的开展，教师应鼓励，并给出指导性意见和建议。

（二）"终身体育"的思想特征

1.体育锻炼时间的终身性

"终身体育"是一种先进的教育理念，其最为重要的一点就是它可以令个体一生受益。

从教育功能作用于个体的影响来看，"终身体育"突破了传统的学校体育目标过分强调学习和掌握运动技能的观念，打破了传统的体育教学把人接受体育教育的时间仅仅局限在在校学习期间，而是将体育教育时间大大延长，囊括了人的一生。

"终身体育"教育理念强调体育教学应符合学生生长发育、心理健康发育的客观规律，以及健身的长久性，注重培养学生对体育的爱好、兴趣，养成锻炼的习惯和能力，强调体育参与的终身参与、终身受益。

2.体育锻炼群体的全民性

"终身体育"的体育对象指接受终身体育的所有人，每一个社会成员都应该积极参与，"终身体育"是面向全体社会成员的，从学生在学校体育教学中逐渐培养起体育锻炼意识到走出校门走进社会之后能持续参与体育锻炼，为以后的整个人生参与体育锻炼奠定良好的基础。因此，终身体育教育的主体并不局限于在校学生，而是面向所有民众，应做到全民积极、主动参与。

从一种体育发展理念演变为一种体育教育理念，"终身体育"教育理念的教育对象是面向整个人类社会的成员的，"终身体育"教育不仅仅局限于学生，也包括社会大众。

体育教育是一个需要长期坚持的系统工程，生存、健康是社会和时代发展主流，健康是人们生存生活的重要基础，体育健身与生活是密不可分的。因此，无论个体的年龄、社会身份发生怎样的变化，都应该成为"终身体育"的教育对象。

3.体育锻炼目的的实效性

"终身体育"以适应个人发展和社会发展为根本着眼点。因此，终身体育参与必须要做到因地制宜，因人而异，不同的人应结合自己实际选择具体锻炼内容、方式、方法等，同时，应融入日常的生活、学习、工作中。

在现代社会生活中，人们为了改善自己的生活质量，根据自身条件合理选择适合自己的体育方式，做到有的放矢，具有较强的针对性和实效性。

在高校体育教育教学中，体育教学的内容选择、方法运用都应为提高学生的体育知识、体育技能服务，不断提高学生的终身体育意识和终身体育能力，如此，在大学生毕业进入社会后，也能持续参与体育健身锻炼。

（三）"终身体育"与体育教育

1.终身体育与学校体育的相同点

（1）共同的体育目标——育人

体育具有多元教育价值，无论是终身体育参与还是体育教育的体育活动参与，其最终目标都是实现体育运动者的体育、智育、德育、美育等多元教育价值，更好地促进运动参与者的健康全面发展。

健康的身体是其他健康的前提条件，学校体育教学就是要培养学生的终身体育意识与能力，以为其健康的一生更好地实现个人价值和社会价值奠定健康基础。

（2）共同的体育手段——健身

终身体育活动参与和体育教育都是通过体育运动健身参与来实现体育的教育价值的，最终的个体行为也都落实在体育健身活动上面，终身体育强调个体应养成终身参与体育锻炼的习惯，在人生的每一个阶段都积极参与体育健身锻炼。体育教学以学生的身体练习为主要教学手段，通过身体活动促进身心、社会性全面发展。

（3）共同的体育任务——掌握体育知识，提高运动能力

个体的终身体育健康参与，离不开科学体育知识做指导，离不开体育健身锻炼实践活动，而同时，体育知识与体育技能的掌握，也是高校体育教学的重要任务，只有掌握这两方面的内容，才能更加科学地去从事体育健身实践活动，才能通过身体力行的体育活动参与实现运动者的身心健康全面发展。

2.终身体育与学校体育的区别

（1）体育参与时限不同

终身体育贯穿人的一生，学校体育只负责学生在校期间的体育教育。

（2）体育教育对象不同

终身体育以全社会所有成员为教育对象，学校体育以在校学生为教育对象。

二、"终身体育"教学理念的高校体育教学指导

（一）转变传统体育教学思想

"终身体育"教学思想指导下的高校体育教学，应该在体育教学内容、体育教学方法、体育教学评价等各方面都要做到以培养和提高学生的体育终身意识和能力为标准，通过与学生日常生活、学习、工作关系更密切、关联程度更大的体育项目教学，培养学生的运动习惯，而不是仅仅关注学生的运动技能掌握情况。

高校体育教育教学过程中，教师应将体育教学达标标准的制订从单纯和过度关注技能指标的思想观念中解放出来，关注学生的体育价值观、体育态度、体育意识、体育行为习惯，如此才能真正有针对性地开展体育教学，才能真正实现终身体育教育。

"终身体育"教学理念是高校体育教学改革的指导思想，也是高校体育教学发展的落脚点。

（二）重视学生终身体育意识的培养

个体的体育活动参与行为的实现，必须建立在对"终身体育"教育理念有一个正确的认识的基础上，"终身体育"意识是高校大学生主动进行体育学习、

体育参与的重要内部驱动力和动机。

当前社会，社会节奏快、生活压力大，每一个人都面临着各种各样的生理和心理负担，要获得高质量的生活，就必须确保身心健康发展，体育运动能有效促进运动者的身心保持良好的状态，终身体育对于学生的身心素质发展具有重要促进作用。学生走进社会之后，在社会上面临的各种压力并不比学生时代少，甚至要更多，体育健身锻炼是一种身心压力释放、身心健康状态重塑的过程，对运动者保持良好身心状态迎接生活、学习、工作挑战是非常重要的，可以有效提高个人生活质量，提高学习、工作效率。

终身体育活动参与对于个人的社会性发展是具有重要的促进作用的，大学生坚持体育健身锻炼，能有效增强身心适应能力，可以在毕业步入社会后更好地适应社会，提高自己的抗击压力的能力。

现代高校体育教学实践中，要培养学生的终身体育意识，教师应做好以下教育引导工作：

第一，引导学生树立正确体育价值观。

第二，端正体育学习态度。

第三，将素质、技能、知识、能力等教育内容渗透到终身体育教育中。

第四，通过体育教学丰富学生的体育知识、体育技能，提高终身体育参与能力，为终身体育锻炼奠定基础。

（三）丰富终身体育教学内容的设置

学生的个体差异性决定了学生的体育兴趣爱好不同、所适合从事的体育运动项目不同、所渴望学习的体育运动知识与技能不同，因此，在高校体育教学中，不能只追求学生某一特定的运动技能和运动的熟练程度，而是重视不同学生的不同体育发展需求，尽可能地丰富体育教学内容，使体育教学内容项目、层次多样化。

"终身体育"教学理念指导下的体育教学内容丰富化教学工作要求如下：

第一，延伸与拓展学校体育课堂教育，使学校体育向终身体育延伸。

第二，不同教学内容的课程目标设置应在充分了解与分析学生的现状的基础上进行，以体育课程终身体育教学目标为导向组织体育教学。

第三，选用体育课程内容时，应重视对休闲体育项目、时尚体育项目的引进，开展能够激发学生体育兴趣和潜能的体育活动。

（四）关注学生需求与社会需求的统一

"终身体育"旨在为学生提供一种健康的生活态度与生活方式。对任何人来说，身体健康都是个体适应现代社会生活、工作、发展的必要条件。

高校体育教育的终身体育教育理念的贯彻，就是要在培养符合社会发展的合格人才的基础上，促进学生的个性化发展，实现学生的社会价值与个人价值的共同发展。高校终身体育教育对学生需求与社会需求的统一性的实现，要求应做好以下工作：

第一，重视国家需要、社会需要与学生个体需要的有机结合。

第二，明确学生需要与社会需要的彼此地位。这是正确处理学校体育发展与社会需要适配性的关键问题。

第三，重视体育教育的健身价值与人文价值的实现，重视体育知识、体育技能、体育习惯的共同培养。

第四，围绕学生开展体育教学，充分满足学生的学习和发展需求。

第五，全面提高大学生的体育素养，以符合社会发展对人才的体质、体能、知识、精神、道德要求。

"终身体育"教育有四个支柱，即"学会认知、学会做事、学会生活、学会生存"，但应充分考虑"终身体育"与"以人为本""健康第一"的有机结合。

第三章 高校体育多元化教学模式应用

第一节 高校体育自主教学模式

一、概述

（一）自主教学内涵

1. 自主教学概念界定

关于体育自主教学，目前学界并没有统一的定义，许多研究者从不同的角度和层面对体育自主教学的内涵与外延进行了阐述。体育自主教学即将学生作为参与教学的主体，教学目标、教学模式、教学内容和方法都应该紧紧围绕学生展开，并和教师因素共同构成体育自主教学系统。同时，健康、愉悦、放松等积极因素应该成为教学的原动力。

2. 自主教学外延释解

体育自主教学具有两个层面的双面性，对教师而言，它是一种教学模式与方法，而对学生而言，则是一种学习的模式与方法。因而，从整体上来看，高校体育自主教学就是为了实现一定的教学目标，将学生作为教学的主体，围绕这一主体开展教学模式、教学内容和教学方法的选择，充分发挥学生的主观能动性，激发学生参与热情的一种全新体育教育模式。从教师的角度进行阐释，自主教学就是为了实现一定的教学目的，根据体育教师的安排和规划，学生根据自身的条件制定学习目标，确定学习内容，最终完成学习目标的体育教学模式。

（二）自主教学模式的特点

关于自主教学，目前学界并没有一个严格的定义，大致上可以理解为通过多种形式丰富教学手段，引起学生学习的欲望进而对学习内容进行自发性、连续性的发散学习行为。具体到我国高校的体育教学中，可以将其定义为"在老师基本教学的基础上学生针对自身情况制定学习方法、自我监控、自我调整、自我评价，最终实现体育教学目标的教学方法"。根据自主教学的描述，不难发现它的主要特点：

1. 主观能动性

主观能动性是素质教育的重要内容，也是高校构建体育自主学习模式的核心性特点，还是自主教学模式的基本特征。在传统教学模式中，体育教学和其他学科一样，教师往往处于教学的中心，学生往往需要"跟着教师的节奏走"，并按照教师设定的内容、方式、进度、目标进行学习。在这一模式下，学生的学习很大程度上是被动的。学生按照既定的模式进行，一方面没有充分结合学生的特点和个体差异，同时也使得教学墨守成规，学生的主观能动性和积极性受到一定程度上的局限。

在自主教学模式中，首先关注的便是学生的个体特征，并将学生作为整个教学的核心，所有的教学工作必须紧紧围绕学生开展，同时学生在教学中也必须扮演起重要的角色。在这一教学模式中，学生应该根据自身兴趣爱好和个人特质，结合教学实际情况，和教师一起确定教学的主题、方式和内容，并在教师的指导帮助下进行自主学习，自行选择学习目标、内容和方法，并积极主动地推进教学，充分发挥自身的主观能动性，逐步成为体育教学中体育知识、体育技能和方法模式的构建者。

2. 教学有效性

在教学实践中，教师讲的内容都一样，但学生的学习效果却有天壤之别，成绩优异的学生无一例外都进行了相当程度的自我学习，而正是自主教学的深入开展，让他们学会了发现问题、解决问题，并适应了自我分析理解的能力，实现了从"鱼"到"渔"的过渡。由此可见，自主教学模式的学习是有效的，因为在这一模式中，学生成为积极主动的主体，自主教学模式水平越高，学生的学习效果往往就越好，学校体育教学的质量通常也就越高。

3. 相对独立性

自主教学模式和传统的自学既有联系也有区别，虽然两者都鼓励学生在整个学习过程中充分发挥自身的主观能动性，摆脱对他人的依赖，实现自身学习能力的提升。但是，自主教学模式同时也强调了自主学习过程的系统化，强调教师的引导与帮助和学生之间的分享与交流，因而自主学习系统的独立是相对的，学生不可能脱离教师和学校，完全进行独立的自我学习。相对独立性体现在两个层面：从宏观来看，体育自主教学模式中的构成元素，学生不能完全独立，教学目标、教学内容、教学方式、体育训练的内容、阶段、时间等，学生不可能完全脱离教师的指导和帮助；从微观来看，每一个元素从开始到设计，再到实施及总结，每一个过程学生也需要来自教师和同学的资源共享、帮助与支持。因而，高校体育教学中自主教学模式的独立性是相对的，需要分清学生的学习在哪些方面和过程是自主的，只有这样才能设计出更加符合教学实际的自主教学模式。

4. 情感丰富性

情感是现代教育中一个重要的概念，21 世纪兴起的情感教育便是对这一要素的深入挖掘，情感对于教学具有明显的影响作用，积极乐观的情感会对教学产生积极的推动作用，而压抑消极的情感则无疑会对教学产生负面作用。在自主教学模式中，学生的主观能动性得到积极的调动，其情感得到释放和良性的引导，和传统的教学模式相比，学生在教学中往往可以表现出更加丰富的情感和积极的情绪，自主教学模式带来的轻松活泼的课堂气氛、互助共享的教学资源及给予学生的展示平台，都将有利于推动学生正面情绪的释放，而这种正面积极情绪的释放，将对教学产生积极的推动作用，同时拉近教学双方的距离。

5. 范围有限性

自主教学模式并不是适用于所有的教学，因为对于某些要求极高且教学资源十分集中的高精尖项目，采用自主教学模式未必适用，或者是教学环境不允许。因而在教学实践中必须注意到，并不是所有的教学内容都可以完全采用自主教学模式，很可能某些学科只能部分采用或借鉴其思维。高校的体育教育和其他学科的教学目标存在巨大差异。通常来说，高校的体育教学在知识模式方面并没有严格的教学目标，而更多是让学生认识体育、热爱体育，并建立起积极乐观的心态和坚持体育锻炼的习惯，从而全面提升国民的综合身体素质。因而，高校体育教学是可以灵活化及自由化的，只要能实现最终教学目的，无须拘泥于传统的教学模式。

二、高校体育自主教学模式的构建

（一）高校体育自主学习模式的构建策略

1.强化学生自主学习的理念

在多数学生的观念中，体育课就是打球、跑步，然后获得相应的学分，对体育课本质缺乏理解和认识，体会不到体育锻炼增强身体素质的重要意义。

（1）改变学生的传统观念

要使学生认识到体育课对自身身体素质提升的重要性，让学生了解到自主学习体育课程能提升自身的交际能力，同时有效提高自身解决问题的能力，更好地适应未来社会的发展需要。这样能够增强学生自主学习的意识，树立自主学习的观念，积极主动地、发自内心地参与到体育锻炼和体育知识的学习当中，从而有效地提升学生自主学习的能力。

（2）促使学生正确认识自我

高校学生体育课程的选择和体育锻炼计划的制订都要以学生的身体条件为依据。所以，学生要对自身的状况有全面的了解和正确的定位。只有这样，才能够制定出适合自己的学习目标，进而制订出相应的学习和锻炼计划。

（3）增强学生自我监控与调节能力

在培养学生自主学习能力的过程中，教师要注意培养学生自我监控和调节的能力，让学生通过自我测试和反省等方式对自己的学习目标和锻炼计划进行控制和调节，及时改变学习策略和方法，对自己获得的能力、技能和知识进行及时评价，树立自信，扬长避短；不断激发学生学习的创造性和积极性，为其自主学习能力的提升创造空间。

2.打造"自主选择"的体育学习模式

在高校体育学生自主学习过程中，教师应充分尊重学生，根据学生的不同体育运用情况，适时打造"自主选择"式学习模式，这主要包括自主选择学习的时间、内容和方法等方面，使体育真正走向学生自主，努力提高体育学习质量。

（1）"自主选择"体育学习时间

在大学阶段，学校的教学管理形式是学分制，这种制度给予学生在课程选择上较大的自由，学生可以根据自己的具体情况来安排体育课的上课时间，不管是专项体育课，还是普修的体育课。除了学分制之外，学校还应该有针对性地创造条件，让学生自由选择上课时间，这样能够有效地激发学生上体育课的积极性，在保证与原有学分制同步管理的同时，有效地提升学生的自主学习能力。

（2）"自主选择"体育学习内容

学校应该不断地丰富体育课可选择的教学内容，给学生更多的、依据自己的兴趣爱好自由选择的机会，但是高校需注意调控学生的学习活动，加强教学管理。

在高校体育自主教学过程中，应注意以下教学侧重点：第一，充分利用高校丰富的体育资源，给学生更大的自主选择空间。在普修体育课上，要尽量根据学生的兴趣爱好来安排教材的内容供学生选择。在专项体育课上，在完成统一教学内容之后，尽可能留出适当的时间给不同基础的学生进行自主的学习和锻炼。第二，学生自主选择教学内容之后，教师要加强对教学的监督和管理，对学习要求有严格的标准，并安排相应的人员组织学生之间相互交流和学习，在这一过程中教师要适时给予指导，保证学生学习的质量。

（3）"自主选择"体育学习方法

每个人的身体素质都存在着非常大的差异，所以要求教师因材施教，根据学生对教学内容理解和接受能力的不同，引导学生自主选择适合自己的练习方法。此外，对于技术规范要求不严格的教学内容，不要限制学生的练习方法，允许学生用不同的方式完成同一内容的练习。例如，在进行篮球运球训练时，教师应该引导学生以个人独立、小组合作等不同模式学习运球，并且结合运球竞赛、游戏等方式，激发学生自主学习的积极性。

（二）建立并完善科学合理的自主教学教育模式

建立一个科学合理的自主教育模式是发展高校体育自主学习的基础，为此，应该彻底改变传统高校体育教育的教师本位思想，将学生完完全全作为教学的核心，所有的教学都围绕学生展开。建立这样的模式，应该考虑到以下一些因素：

1. 组织引导系统

组织引导系统是高校体育自主教学模式的首要环节，也是这一系统的基础和流程导向，具有重要的基础性作用。组织引导系统的主要作用在于宣传自主教学模式的理念和基本模式，并通过宣传让学生逐步认识、感知并接受这一新兴教学模式。此外，组织引导系统的另一重要作用在于激发学生对自主教学模式的参与热情，通过丰富多样的形式将学生引入相关体育教学之中，并让学生对学习产生深入理解和挖掘、自我探索的欲望。可以这样说，组织引导系统是激发学生参与自主学习的关键性环节，这一环节将为高校体育自主教学模式提供强大的原动力。

组织引导系统的核心在于教师的组织和规划。首先，教师应该对教学目标进行宏观设置和整体把控，并进一步将目标细化为整体目标和阶段性目标，根据目标的设置规划相应的课程与教学手段。在组织引导阶段，课堂教学的内容与形式十分重要，需要快速抓住学生的注意力和兴趣，并给予其广阔的想象空间，这对于后续自主学习系统的推进十分必要。以课堂教学的引入为例，传统的体育教学往往缺乏课堂教学的引入环节，而在组织引导系统中，高校可以尝试以下热门的话题来展开本堂教学，即设置相应的课堂教学引入机制，如精彩的奥运比赛、街舞、扣篮进球集锦等。这些内容紧扣教学内容，可以在很大程度上激发学生的兴趣和激情，对比传统的集合加解散模式，显然更有利于营造教学氛围，并能够鼓励学生积极参与其中，在课堂的一开始便抓住学生的注意力，从而为后续教学带来方便。

2. 学习系统

这是自主学习模式的核心组成部分，即建立并完善学生的学习模式，学习系统主要包括内容和方式两个层面，这也是学习系统需要明确的两个基本要素。内容，即学生需要明确地选择学习内容，这一内容可以是多样的，但应该充分结合学生的个人身体特质和兴趣爱好，经过教师的帮扶和建议，最终确定；而形式则是指学生自主学习的方法，学生可以自己进行，也可以分小组进行。分组进行是常用的一种学习系统方式，其学习效果也比较突出，高校可以在学习系统中参考这一模式。首先，教师根据学生的意愿和自身的教学计划综合划分小组，并对各个小组设立考评机制，主要根据小组学习情况和最终教学目标的实现程度进行评价。这样，小组之间便可以形成良性竞争的机制，而在小组内部，各个成员之间亦可以进行经验分享与学习上的互助，从而在内外两个层面提升学习系统的效率和教学效果。

除了内容与方式两个基本层面，学习系统还需要设置一定的后续配合内容，如在学生选择了学习内容之后，则期末的体育检测便可增设考核学生自己选择的项目并保持一定的权重，这样会使学生在选择的时候十分用心，能够充分结合自身的实际情况，而后期学习也十分努力。同时可以在课堂上组织大家讨论采用什么样的方式来进行教学，讨论之后教师再综合考量大家的意见实行。通过反复的练习来不断反思和总结，再向同学和教师寻求帮助。

3.过程控制系统

过程控制系统属于自主教学模式中的控制性和辅助性环节，也是自主教学模式区别于传统自学的重要因素。一般来说，过程控制模式分为两个部分，即帮助和监管。高校可以基于这两个模块构建过程控制系统。帮助模块主要为解决学生自主学习过程中遇到的各种问题。由于体育运动的内容深入到社会生活中的各个层面，在学生自主学习的过程中，不可避免地会遇到各种学习和体育运动实践方面的问题，如锻炼方式、运动技巧、各项体育运动的细节动作、比赛规则等，如果没有科学有效的帮助系统，那么学生的疑问将会越积越多，最终严重影响自主教学模式的推进。在帮助模块中，可以设置师生之间、学生之间和小组之间等多种形式的帮助，学生可以自我解决，也可以讨论解决，当然也可以寻求教师的帮助。通过帮助模块的设置，学生在自主学习过程中的疑问可以得到及时有效的解决。

除了帮助模块，监管模块也是过程控制模式的重要组成部分，自主学习模式在推进的过程中，教师必须对整个过程进行监管，保证教学的正常进行，同时保证教学目标的实现。换言之，教师必须通过一定的手段，及时有效地掌握学生学习情况，当出现偏差或者教学环境发生变化时，教师应当及时调整教学计划和自主教学模式。监管模块的方式十分多样。例如，教师可以定期开展座谈会，开展学生小组内部讨论和小组之间的讨论，在讨论中分享学习经验，共同探讨学习问题，而通过这样的讨论，教师可以及时地把握学生的学习动向，洞察当中存在的问题，进而进行纠正和调整。从这一层面来看，过程控制系统是保证自主教学模式按照既定模式发展的有效保证，这一系统的缺乏，将很容易导致自主教学模式变得散乱无序，进而偏离教学目标。

（三）分层教育法的构建

分层教育法是近年来兴起的一种全新教育模式，特别适合大学教育，和高校体育自主教学模式的构建有着良好的切入度。根据目前的教学实践效果来看，分层教育系统是实现和推动自主教育模式发展的强大工具和有效手段。分层教育法的主要特点在于对学生群体的重新划分，它充分结合了自主学习的特征与客观要求，更加重视学生的个体差异与个体特征，从根本上颠覆了传统体育教育的模式和教学目标，在灵活开放的大学教学环境中特别适用。

在目前的高校体育教育中，体育教育类别的划分往往比较粗略，仅仅是将专业与非专业类的学生进行分类，而大量的非体育专业学生沿用一种教育模式。除了进行专项培训的学生之外，其余学生统一划为非专业类进行体育教学，采用公共教育课程和体育兴趣选修相结合的模式进行教学。这一模式沿用多年，取得了一定的教学效果，但是面对新世纪素质教育的深入拓展和教学环境的变化，逐渐显现出越来越多的问题。首先，学生的个体意识不断增强，兴趣爱好各不相同，且体育基础和发展锻炼方向各有差异。其次，在非体育专业学生群体中，也不乏对体育运动充满激情，渴望得到专业培训的学生，而传统的划分模式，对这些问题的处理显然心有余而力不足。

（四）建立科学人性化的检测模式

在传统教学中，教学检测是体育教学的末端环节，实际上每一次教学检测都是对整个教学系统和教学效果的总结与评价，经过总结与分析，可以为后续教学的改进与进一步发展提供有效的支撑依据，因而科学人性化的教学检测模式，对于教学模式的实施与发展同样具有重要意义，对自主学习模式而言，亦是如此。在体育教学的检测模式方面，大体上采用的是"评分制"和"及格线"的模式，即根据学生学习的内容设置相应的考试内容，如立定跳远、跳高、百米跑、一千米长跑等，根据学生的测试成绩打分，再判断是否及格。当然，在素质教育不断深化的今天，测试的手段和内容在不断丰富发展，考试的内容也趋于多样化，结合学生实际开设了乒乓球测试、网球测试等项目，同时引入许多先进的体能测试设备，在提升检测精度的同时提高检测活动的趣味性。可以说，这些措施是行之有效的，相比传统单一生硬的检测模式更加有效生动，但是必须注意到，在现代化的检测模式下，"评分制"和"及格线"的模式并未得到根本性的转变。在这一传统模式的影响下，体育教学效果检测受到较大不利影响。首先，学生的身体机能和体育综合素养存在必然的差别，划分统一的"及格线"显然不够准确和科学；其次，对于学生的测试结果，简单地以是否"及格"进行评价，显得太过粗略，对于学生后期学习的改进和教学方法的调整并没有明确的指导作用；最后，这种检测评价模式很容易挫伤部分学生的自尊心，从而进一步削弱其参加体育运动的兴趣与热情，甚至对体育教学产生抵触情绪，这对于高校的体育教学十分不利。因而，为了完善自主教学模式，高校在体育检测环节应该尝试更加人性化和更加科学的模式，只有这样，才能真正有效地检测自主学习效果，同时为后续学习教学工作的调整提供有效的支撑。

（五）积极扩展课堂外延

为了发展自主教学，必须将体育教学的课堂从单纯的操场分离出来，将普通教室、多媒体教室、网络化教室等元素引入体育教学。例如，跳高的教学，传统教学方式就是教师简单的示范和学生反复的练习，而当中的细节动作和技巧，教师的讲解未必能让学生充分理解，同时有时教师的示范本身就不甚标准。若扩展课堂的外延，在教师简单讲解之后便可在多媒体教室给学生播放跳远比赛的视频，这样的效果来得更直观，学生也更容易理解。在教室中则可以组织学生讨论，这样可以激发学生的学习热情，从而为自主学习的开展带来便利。不仅如此，开展第二课堂也是发展自主学习的有效方式，可以经常开展篮球比赛、乒乓球比赛、羽毛球比赛等活动，这样的活动很容易吸引学生的参加，而为了在比赛中有较好的表现，学生对相应的活动进行精心的准备和大量的练习，在这个过程中不可避免地会对相关的体育知识和技巧进行学习和研究，这其实在很大程度上推动了自主学习的发展。

（六）加强现代科技与自主学习的结合

1. 加强 CAI 系统与体育教学的结合

CAI 是计算机辅助教学系统，凭借其强大的多媒体功能和良好的互动性在教学中得到了广泛的运用。体育教学强调身体语言，不论是广播体操、篮球、乒乓球还是羽毛球，都是由一整套复杂连续且节奏较快的动作组成，传统的讲解很难让学生产生直观的印象，也使得学生把握不住当中的难点与易错点。借助 CAI 系统，可以给学生播放相关视频，让学生对整套动作和流程有一个非常直观的印象。以广播体操为例，可以给学生播放国家体育教育制作的标准动作示范，在此基础上给学生讲解当中的要点，这样给学生的印象才十分直观。对于体操动作当中的难点，可以暂停、慢放、定格、反复重放，让学生看清楚，并及时地组织讨论，保证学生能够真正地理解当中的要点。

2. 逐步推广新兴课件化教学系统

课件化教学系统主要由播放设备、投影设备和遥控设备组成，用户群日益庞大，网络资源也十分丰富。以篮球教学为例。篮球运动十分剧烈，不论是相关动作还是复杂的规则都不易讲解清楚。对此，可以制作形象生动的课件，在课件中融入图像、视频等元素，由于课件系统高度的自创性，因此 CAI 更加人性化。比如，"单手肩上投篮"是一个常用的投篮动作，可以在课件中以

Flash 的形式对当中的"蹬、伸、屈、拔"等关键性动作进行分解，还可以用 Flash 小游戏的形式来让学生进一步加深自己对所学内容的印象。

3.搭建网络教学平台

网络教学平台并不是新生事物，在我国的高校教育中也得到了较为普遍的推广，利用校园网、学生电脑端口和学校的资源库，学生可以及时查阅、下载相关信息，并进行教学、考试、报名、缴费等一系列操作，其便利性和完善性较好，这为体育自主学习模式网络教学平台的搭建提供了良好的基础平台。

网络平台虽然在教学管理和部分学科教学中得到广泛应用，但高校在体育教学领域并没有充分利用网络平台，体育教学很大程度上还是更加重视操场和场地训练的作用。实际上，根据分析可以看出，在自主教学的模式中，教学双方及学生之间及时有效的沟通交流和资源共享是十分重要的，这贯穿于组织引导、学习、过程控制和总结评价这四个子系统，因而高校在这一方面应该充分利用自身已经具备的校园网络软硬件设备，加快构建体育自主学习网络平台。

第二节　高校体育快乐教学模式

一、概述

（一）快乐体育的基本要素

1.环境优化

"硬环境"美化、协调；"软环境"（人文因素）健康和谐。

2.情感驱动

教学中要引起学生快乐和成功的情感体验；教师应从情感教学入手，以自己对学生、对教材、对教学活动的热爱来激发学生勤奋学习；建立民主、合作的师生关系。

3.协同教学

协同教学是指运用协同论的原理，在体育教学过程中重视教与学诸要素之间的参量配置协调、同步及互补，以形成体育教学活动协同高效的运行机制，使体育教学的整体功能得以放大、增值。协同教学要求启发式的教法与创造性教法有机统一，其突出特点是在内容上强调"发现学习"，在形式上强调"学习过程自组"。

4. 增力评价

增力评价由口头的形成性评价和激励性评价组成，是一种即时的教学反馈。在具体运用时，应注意以下几点：①形成性评价要及时准确，激励性评价要适时并保持较高的频率；②要有效实用；③要避免超负荷；④要强调多样性。

5. 快乐体验

快乐体验主要指快乐的运动体验与成功体验，在教学中强调不同的体育活动所独具的乐趣，实践中应强调以下几点：①教材要适合学生的身心特点，照顾学生的体育兴趣，满足他们的体育需要；②"情知交融"，使学生产生强烈的学习欲望；③加强学法指导，使学生的学习在"我要学"的基础上做到"会学"；④强调非同步化教学，要因材施教，区别对待，力求使每个学生都有自己的学习目标和自我实现的机会。

（1）注重学生在体育教学过程中的主体地位

快乐体育十分重视体育教学过程中学生的主体地位，在教学中充分发挥学生的内因作用，即学生的主体作用。快乐体育理论认为，重视学生的主体地位，激发和维持学生学习的兴趣与动机是提高教学效果的有效手段。从人的发展来看，兴趣和动机是构成人的人格特征的一个重要组成部分。另外，学生从事体育学习的基础、追求目标、个性心理、学习的方式方法等均不相同，教师只有最大限度适应学生的需要，因材施教，积极地鼓励、引导学生，才能取得良好的教学效果。

（2）建立和谐的师生关系

体育教学是双向多边、复杂的活动，体育教师掌握着教学方向、进度和内容，用自己良好的思想品德、丰富的知识、高超的运动技艺，活泼、生动的形象教育和影响学生，在教学中发挥主导作用。学生是学习的主体，其学习目的、态度、动机、积极性、身体状况、兴趣、思维能力、情绪等都直接影响教学效果。快乐体育强调体育教学中师生之间、学生之间都存在着双向信息交流，建立和谐的师生关系、生生关系。

（3）追求学生个性的和谐发展

快乐体育认为推动学生个性的和谐发展是快乐体育思想的根本精神所在。

快乐体育与学生的个性发展存在着辩证关系，一方面是学生的个性倾向性和个性发展水平，在运动项目的选择以及参与运动项目的积极性和主动性上充分表现出来；另一方面快乐体育过程又能促进学生个性的和谐发展，帮助学生更深地挖掘从事体育运动项目的潜力和参与运动的乐趣，这两方面相辅相成，在增强学生体质的基础上，促进所有学生在智力、心理素质、美育和能力等方面都能得到发展。在快乐体育的思想指导下，培养学生的独立性、自主性、创造性以及热爱美、鉴赏美、表现美的情感和能力，丰富精神生活，促使学生个性的全面发展。

（4）体育教学活动本身应是快乐的有吸引力的

体育教学艺术的本质在于促进学生乐于进行体育学习。为深化旨在追求运动乐趣的体育学习，学生自发、自主的学习活动成了一个非常重要的条件，满足学生的运动欲求就会产生运动的乐趣。这种欲求的水平越高，越明确，其满足后获得的喜悦也就越大。因此，体育课不能是带有教师强制性的，而必须能使学生自发、自主地享受运动中的乐趣。丰富多样、生动活泼的教学方法，新颖有趣、逻辑性强的教学内容，可以不断地引起学生新的探究活动，从而激发起学生更高水平的求知欲。

（5）进行思想品德教育和提高运动技能

体育教学不仅要育体，而且要育心。社会越向前发展，对人的道德情操和适宜社会生活的能力的要求也越高。体育教学可以培养学生具有一定的适应社会生活要求的个人行为和社会行为，具有符合时代精神的思想品德、文明修养、道德情操等。快乐体育在注重学生的主体地位和发展个性的同时，也要求运动技能在积极参与上的提高，培养终身体育的能力和习惯。

（三）快乐体育的实施原则

1.教育性原则

在体育教学中渗透德育是体育教学的基本要求。快乐体育以"乐学"为支撑点对学生良好心理素质的培养更加广泛而深刻，包括目的、兴趣、情感、意志等全部非智力因素。

2.趣味性原则

"授之以趣"，教师乐教，学生乐学，形成良好的教学气氛，使学生在轻松的、舒适的、快乐的环境中进行体育课，从而使学生快乐地学会动作及技术。

3.情境性原则

将体育教学活动置于一定的情境之中，使学生贴近生活，使体育学习变得亲切、自由和愉快。

4.激励性原则

教学中一方面要"激情""激趣""激志"，激发学生主动学习精神；另一方面要"激疑""激思""激智"，激发学生的心智活动，达成在快乐中求发展，在发展中求快乐的目标。

5.实效性原则

近期目标是培养学生良好的学习习惯和乐学精神，提高教学质量，远期目标是面向终身体育，发展体育素质。

二、体育游戏与快乐体育教学模式重构

（一）体育游戏的内涵

体育游戏作为一种社会现象，其随着人类社会的产生和发展而不断发展。在人类社会漫长的历史中，体育游戏经历了一个由萌生、发展到不断完善的过程。何谓体育游戏？有学者提出它是游戏的一种，是以身体练习为基本手段，以增强体质、娱乐身心、陶冶性情为目的的一种现代游戏方法，它是按照一定目的和规则进行的一种有组织的体育活动，也是一种有意识的、有创造性和主动性的活动，其基本特征是大众性、普及性和娱乐性。也有资料指明，体育游戏是以游戏为活动形式，以身体练习为基本内容，以促进德、智、体全面发展为目的，按照一定规则进行，具有浓厚娱乐气息的身体练习和思维练习方法的一种特殊的体育运动；它对人体基本动作形成、增强人体能力和智力、陶冶情操、培养锻炼兴趣起着积极作用。

综合以上对"游戏"和"体育"含义的理解，可以明确体育游戏的定义，即体育游戏是按照一定目的和规则进行的一种有组织的，以身体练习为基本手段，促进人身心全面发展为目的的，体力活动和智力活动相结合、富有浓厚娱乐气息和鲜明教育意义的自主活动。由于体育游戏理论是游戏理论的一个分支理论，所以具有完整的有逻辑的游戏知识体系。

（二）体育游戏的特征

1. 趣味性

辞源中说，"游戏乃玩物适情之事也"，即游戏是有趣的玩类的事情，它能使人在精神上得到某种欢娱，能满足人们对娱乐的需求。尽管它不能直接创造物质财富，但是能吸引各种不同的对象主动参加，不管何种类型的游戏，组织参与游戏活动，首先是有趣好玩，从中得到欢乐。体育游戏也是如此，所以趣味性是体育游戏的第一大特征。如果没有趣味性，则不能称之为体育游戏，而只能称之为体育练习或身体练习。

2. 教育性

体育游戏是学生的"良师"，是体育老师的"益友"。体育游戏教学丰富教学内容，激发学生的学习动机；培养学生的思维能力、创造能力和竞争力；提高学生的注意力，改善学生的心态；完善个性；培养学生的意志品质；建立良好的师生关系；提高学生的身体素质和健康水平，使学生在德、智、体、美诸方面全面发展。体育游戏教学实施并实现"健康第一"的指导思想，在未来的体育教学中一定会发挥更大的作用。

3. 竞争性

体育游戏大多都具有以个人或集体取胜为目的的竞争性特征。通常以游戏完成的数量、质量、速度为判别胜负的依据。因此，它充分体现游戏参与者体力、智力上的竞争特点，通过游戏活动可提高参加游戏者的身体活动能力、思维能力、应变能力、创造能力，并在游戏中培养学生团结互助的集体主义精神，使参与者在竞争中实现精神上的满足。

4. 科学性

体育游戏在组织的过程中要考虑到学生原有的知识、技能、身体素质和训练水平，根据由易到难、由浅入深，循序渐进的原则，对不同年龄和性别的学生要区别对待，科学组织，做到"因材施教"。同时，游戏过程中要密切观察学生身体状况的变化情况，科学合理地掌握运动密度和运动员的情况。

（三）基于体育游戏的快乐体育教学模式重构措施

1. 贯彻"安全""健康"和"娱乐"三者统一的教学指导思想

"安全"问题是体育教学中最先考虑的问题，由于这个问题会带来严重的后果，就限制了体育活动的开展，而这里寻求的是在保障安全的活动环境下，学生德、智和体等方面全面发展，即"健康"成长；"健康"是体育教学的追求，而"娱乐"配合"健康"，在这里把两者并列，主要因为"娱乐"是"健康"不可或缺的途径。因此，只有统一三者，才能准确定位快乐体育教学的指导思想，三者合为一体才是一个良好的教学指导思想，快乐体育的本身原则就在于更"安全"、更"健康"、更"娱乐"地完成课程，三者的关系相互联系、不可分割。"安全"是课程完成的基础，学生的基本保障。"健康"体育课的根本所在就是要提高学生的身体素质，通过锻炼方式来予以提高，从而达到健康的目的。"娱乐"就是在前两者的基础上通过娱乐身心的方式，在安全的基础上来达到活跃身心健康的目的，这也是快乐体育所带来的一种教学效果。

2. 建立增强体质，促进人格完善的教学目标

众所周知，科学合理的体育活动能使身体更加健康，随着深入的研究，人们发现学生在积极参与运动的过程中，思维变得更加活跃和敏锐，创新能力大大提高。同时，受到活动环境的熏陶，也能够加速个性社会化的形成，而学生认知能力的培养和个性社会化的形成则能促进人格的完善，社会的发展对于人才的需要越来越高，人本身的基本素质也需要提高，在基础的课程中，培养学生身体素质、健康能力是体育课的一方面。当前的社会需要及课程要求的改变，培养的是学生能力，能力的提高体现在动手能力，体育课的转变方式就在于如何在基本的思想上让学生更好地完成教学目标，快乐体育的融入把学生的思想精力带动了起来，融入课堂里，在环境因素影响的同时，使身心得到了锻炼，人的身体得到锻炼，思维方式得到锻炼，从而达到体育课的教学目标。

3. 建立"因人而异"的教材体系和"因材施教"的教学方法

教学方式及教学方法是教学课程的基本体系，好的教学方法能更好地来完成教学，有针对性地采用好的教学方法能够更好地提高教学质量。学生由于受到诸多因素的影响，其素质表现出明显的个体差异，因此教师要根据实际情况因材施教，具体在选择教学内容和方法以及制定练习的难度与要求时，表现出选择和制定上的灵活性，尽量满足每个个体的实际需求。人性化的教学更好地体现了快乐体育教学模式的重要性，因人而异地来进行教学。

4. 建立以游戏理论为辅，不断创新以达到培养学生身体发展为目标的教学内容

如今的体育课程大多以传授基本技术、基本学习方法为主，始终没有使学生能够更好地理解和掌握技术，在教学过程中运用多种游戏方法进行教学，以

此提高学生的积极性，促进学生身心的发展。让学生在娱乐的过程中学到知识和内容，可以通过游戏的趣味性加上教学方法来完成。游戏的理论基础颇深，在运用上没有局限性，也要有一定的人文融入其中，所以教师在安排教学内容上要有所体现，这才能体现出新型体育教学模式中的新型元素，重视娱乐教学，但是不能把体育课程变成根本的游戏课，用游戏的方法和理论去辅助教学，达到良好的教学效果。

5.建立以教师为主导，教师与学生共同为主体的教学群体

学生虽然是学习的主体，但其所需要的体育知识、技能，仍然需要由教师来传授；其在学习中的自学积极性，需要由教师来激发和培养；学生进行自主学习、合作学习和探究学习，也离不开教师的指导等。然而，教师在主导的过程，也要让自己成为主体，与学生一起感受和体验，共同互动起来，让体育教学过程中的所有成员成为一个随时随地的信息反馈系统。

6.建立以重视情感投入为主并培养学生自主学习和合作学习的教学过程

体育教学的过程不仅是体育知识、技能的传递过程，而且伴随师生之间的情绪、情感交流，伴随态度和行为方式的相互作用与影响。教师根据学生的自身需求，激发其兴趣，最后变成学习动机，而学习动机能克服许多传统教学模式中学生所处的被动状态的弊端，能够培养学生学习的自主性，也能改善师生关系和生生关系，从而在活动过程中互相学习，共同提高，为学生提供愉快的学习经历，这也有利于营造和谐合作的学习气氛。

三、高校快乐体育教学模式的应用

（一）理论基础与实践结合

每种教学模式的创新都需要扎实的理论基础作为支撑，在不断的摸索实践中进步完善。快乐体育教学想要实现模式创新，不仅要在教学内容、教学方式、教学评价方式等方面下足功夫，还要注意调整在实际运用中某些因素导致教学模式的不间断变动。结合不同的时期、不同的教师、不同的学生顺序等多方面的因素，实现灵活性、多样化的教学。例如，个性教学模式结合快乐体育理论为社会培养全面的人才；发现问题教学模式结合布鲁纳发现法理论；增强体质教学模式结合享受活动乐趣快乐体育教学基础理论。

（二）情绪感染，调动学生的学习热情

在大学生快乐体育教学过程中，教师的热身设置非常重要。在这样的过程中如果加入情绪预热，可以帮助学生在最短的时间内参与互动。传统的体育教学中，教师在传授运动技能或是体育课上的活动内容时，"说教"占据了相当大的部分，体育教师与大学生之间侧重的是"教育"，体育教师在肢体语言运用技能上的缺失，导致情绪感染严重不足，很难调动学生的学习热情。加上难懂的各种技术动作相关术语，学生与教师交流的主动性与互动性丧失，最终导致快乐体育的教学目标难以完全实现。

（三）强调学生的主体性

快乐体育教学在实施上采用的组织形式应以学生为主体，在各个环节中体现并带动学生的主观意愿。但要杜绝盲目地以学生为先。例如，在设计掌握技能教学模式中教师可以让学生选择自己的强项体育技能，并同步录入教学系统，然后根据学生的自身特点制定健身运动的方式。此外，还可以在目标教学中，让学生自己选择符合自身能力的学习目标。

（四）体育教学手段要丰富多元化

快乐体育教学中包括了教材内容、教学方法、教学形式以及教学评价等内容。因此，快乐体育教学模式的创新就需要在这些环节中体现出来。例如，在对增强大学生体能教学的过程中，可以引入我国竞技体育领域中发展较快的体能训练方法，提高核心力量训练等。抑或将拓展训练的形式与体育教学结合起来，并引入健康周期理论，做好运动技能评价等教学内容。

（五）体育游戏让学生收获快乐

大多数学生潜意识里认为体育课应以"玩"为主，因此教师就应该抓住学生这个"玩"的心理，同时结合教材来进行体育游戏练习。体育游戏具有组织形式生动活泼、内容丰富多彩、操作简单易行等特点，能够在给予学生充分的愉悦体验的同时，将体育教学的目标充分渗透进去。

（六）利用现代科技发展促进体育课程改革

随着科技革命的不断深入发展，学科之间的渗透与交叉、分化与综合、知识结构的变化，推动体育课运用新的教学手段、组织形式、教学方法，最大限度地调动学生的积极性和主动性。快乐体育强调体育教学中应注意满足学生的动机需要，让学生愉快自主地从事体育学习与锻炼，充分发挥学生现有的能力

去从事、创造、享受体育运动，并在运动过程中自觉积极地发展体能和提高运动技能。

（七）培养学生对体育运动的兴趣

遵循运动技能的形成规律，以系统传授运动技能为核心的一种体育教学活动体系，注重对技能掌握效果的评价，也称为"三段制"教学过程。在体育的教学过程中，要重视对学生体育能力的培养，使学生从体育锻炼中体验到乐趣，激发长期参加体育锻炼的欲望和兴趣，为其今后的终生体育锻炼奠定坚实的基础。

（八）努力建立融洽的师生感情

我国高校体育新课程理念中已经明确提出，教师教授知识和实施教学活动的过程不仅是一种知识传递的过程，更是一种学生和教师交流情感的过程，任何一个科目的高效课堂教育教学都建立在教师与学生之间情感交融的基础之上。因此，在大学体育课堂中应用快乐教学法，必须要建立起一种融洽的师生感情和平等的师生关系。例如，教师可以在自己的体育课堂中采取小组合作学习的教育方法，在大学生进行小组讨论的过程中，大学体育教师所扮演的角色并不是领导者与裁决者，而是评价者、指导者以及组织者，具体来说，就是要对学生进行指导，使他们能够对体育教材的知识和内容进行深入理解，并且要对大学生自身所显现出来的问题和错误进行详细分析，教师不能劈头盖脸地批评学生，而是应该耐心地引导学生抛弃错误的知识和观念，接受正确的知识和内容，教师必须要明确学生出现错误的原因，究竟是学习态度、学习方法，还是其他原因。然后，让学生实施小组合作学习以及交流，小组成员共同研究应该如何对学习过程中遇到的问题进行解决。

第三节 高校体育网络教学模式

一、概述

（一）相关概念

1. 网络教学

网络教学是利用计算机设备和互联网技术，在此基础上实行信息化教育的教学模式。借助互联网平台实现异地、实时的教学和学习，平台将多媒体视频、音频、图像、动画等资源融合在一起。网络教学的主体是教师和学生，教师制作多媒体课件或开发网络课程时参考教学大纲、学生学习特征和学生认知水平，有针对性地调整课程、课件内容，将制作好的多媒体课件或网络课程与相关资源、扩展信息发布到网络教学平台。学生则通过网络设备接入到网络学习平台，可按教学要求选择课程或针对自身特点进行学习，同时师生双方可通过平台的交流模块针对学习问题及时进行交流。

2. 教学管理

教学管理是学校正常教学秩序的保障，教学管理者通过一定的管理手段，使学生按照学校既定的培养方案进行学习，包括教学大纲、教学计划、教学运行、教学质量评估、学籍的异动审批以及学科、专业、教室、考场等的管理，在确保正常教学秩序的前提下，同时对教师及学生在校期间开展的各类活动进行辅助与监管。

3. 网络教学管理平台

网络教学平台是建立在以互联网为基础的现代远程教育的支撑平台，为在网络上进行学习的学习者和教育者提供交流的平台，可以方便教育者进行授课、答疑、谈论以及作业的批注。它是支持共享和交互的平台，为学生学习质量提供了一定的保障，且符合统一的标准，它是现代网络教学必备的教学支撑平台。

网络教学管理平台建立在网络教学平台的基础上，教师可以在这个教学平台上开设教学课程，方便学习者自主选择要学习的课程并进行自主学习内容的挑选。不同学习者根据教学内容来进行交流互动，教学活动围绕着教师的教和学生的学来开展，方便教师和学生进行讨论和交流。它是支撑教学活动最重要的应用管理系统，为教师和学生提供了强大的施教和网上学习的环境，同时，将学校教务管理平台的内容进行融合，教师可以在平台上对学生的作业进行批注，可以编辑教学课件，可以在线对学生进行考试等。平台可根据教学的课程需要，定制个性化的学习工具。同时，学生也可以在这个平台上选修课程，安排学习计划，查看选修课程的内容，向教师提交作业，汇报协作学习的情况等。

（二）理论基础

1.教育传播理论

教育传播理论是教学技术的重要理论基础，现代远程教育的教与学活动，是一种以教与学的异地分离为特征，以媒体传播信息为特点，以学习者的自主学习为主的获取知识量的新的学习形式。由教育者按照一定的教育目的和要求，选定教育内容，并借助媒体通道，将知识、技能及思想等传输到特定的教育对象的过程。

2.人本主义理论

人本主义心理学主要体现在以培养"完整的人"或"自我实现"为目标，强调人的认知发展和情意发展的统一，强调人的情意发展和认知发展的统一同时罗杰斯认为人的学习倾向和内在潜力是天生的，保持学生的好奇心将会推动终身学习的发展。好奇心可以帮助学生解决学习中的困难，而且可以不断激发学生自主学习的潜力。从这个意义上说，网络教学管理平台的个性化学习有利于学生自我目标的实现，以兴趣为引导点，推动学生学习，提高学习效率与品质。

3.混合学习理论

混合学习理论的主要特点是将现代教学与传统教学融合在一起，通过综合运用不同的教学手段来满足不同的教学需求，在传统的教学中，只要存在不同教学手段的结合，就可以称为混合式。例如，在课堂中播放录音、录像等。只有教师对"混合"的内涵有充分认识，才能将教学活动有效地体现出混合式学习，并将混合式学习的思想融入教学活动之中。

在网络教学平台的教学活动中，将传统学习与网络学习结合起来。根据学习者自身的特点和教学内容要求，针对实际的教学环境和教学条件来选择多种传递通道进行知识传输，不局限于任何一种教学方法、教学手段和教学设施，同时通过教师有效的引导和规划，学习者根据自己的能力去进行自定步调的学习，以取得更好、更有效益的学习效果。

4.绩效评价理论

绩效评价理论是组织依照预先确定的量化指标及评价标准，运用科学的评价方法，对评价对象的工作能力、工作业绩进行定期和不定期的考核与评价。在网络教学管理平台中，师生双方均可互相评价、互相监管。同时，引入第三方监管机制即教务部门对师生同时监管，既可以考核评价教师日常教学活动的开展、课件资源的上传、师生日常的交流情况，又能够对学生完成课程进度、日常考试、教师评议、学业完成情况进行考核评价，在一定程度上督促师生双方有序地进行教学活动，保证教学顺利开展。

二、网络教学模式在高校体育教学中的应用

（一）网络技术在高校体育教学中的应用发展的特点

网络技术应用于高校教学的快速发展和变化，是以网络技术为核心，通过运用网络平台实现高校师生之间教学辅助功能的过程。与传统模式下的高校体育教学相比，高校体育教学的信息化、智能化是计算机网络技术、信息技术高速发展的必然结果。学校开展体育网络化教学，需要建立一个完善的体育教学管理系统，包含体育教学管理系统、体育教学资源管理系统以及体育课堂教学的网络管理系统，从而营造基于互联网的信息化、智能化的体育教学环境。丰富的体育教学信息资源提高了网络技术的应用效率，能够有效地整合各个方面的体育教学资源，实现高校体育教学信息资源的及时整合与分享。通过网络技术可以及时对高校体育教学资源进行更新，及时满足体育教学知识更新的需求，为高校体育教师和学生提供丰富的体育教学资源，提高学生自主学习的积极性。在高校体育教学中，突破被动"灌输式"的教育方式，学生可以根据自身需求设定符合自己特点的学习目标，从而极大地提高体育教学过程中学生自身的积极性。在这种新的体育教学环境中，体育教师不仅仅是传统体育教学中知识的教授者，也是学生自主学习过程中学习的引导者，丰富了师生之间的交流渠道，方便了学生学习过程中教师的指导。此种，这种模式极大地丰富了体育教学形式，拓展了学生在体育课堂之外的学习环境，营造了不受时空限制的体育教学环境。总之，对高校体育教学模式进行改进，有利于高校体育教学质量和效益的提高，而传统模式下的体育教学也能够得到开放性的发展，网络技术在体育教学中的应用使得体育教学形式日趋多元化，高校体育教学过程中的环境更加

自由，为学生提供了更加方便接受体育教育的教学形式。

网络技术应用于高校体育教学，使得高校体育教学更加适应时代发展的需求，这也是现代信息化社会发展对高校教学发展的现实需求。网络技术应用于高校体育教学提高了高校体育教学的学习效率，这也是网络时代背景下学生接受的学习知识的方式之一。体育知识的更新频率高、时效性快，将网络技术运用到高校体育教学之中，可以及时让学生接收到最新的体育科学知识信息。

网络时代的到来使得网络技术得以飞速发展，各大高校越来越多地采用网络技术进行网上选课以及教学管理。高校体育教学管理工作的智能化发展离不开网络技术的支持，运用网络技术开发的教学网络管理系统为高校体育教学繁重的管理工作带来了巨大帮助和改善。通过体育教学网络管理系统的运用、建设，及时掌握学生体育课程的选课情况信息，方便高校教师结合所教授的体育专业课程及时进行教学计划的调整，更加有效地应对高校体育教学的需要，全面详细地掌握本校体育类学科教学过程中教学资源的分配情况，并对本校体育教学的相关数据信息做出更加准确的统计。体育教学网络系统可以根据管理员以及教师和学生操作人员的身份以及功能需求的不同，来进行不同功能使用权限的分配，保障体育教学网络管理系统的正常运行。管理员掌握整个系统数据库的安全操作权限，其中学生拥有查询自己考试成绩以及管理选课等权限，体育教师则可以通过使用网络教学管理系统，及时了解体育教学所需的有关信息，并对所教授学生的学习进度与成果进行了解，从而方便教学计划的顺利实施。

新的网络时代背景下的体育教学环境更加致力于发展学生个性、培养学生终身体育学习能力、促进学生综合素质的发展，从而最大限度地发挥网络技术对体育教学资源的作用，构建良好的体育教学环境，为实现终身体育做贡献，对实现全面育人和终身体育的目标有着重要意义。

（二）网络时代在高校体育教学中的应用策略

1.体育信息化背景下高校体育教学改革的需要

高校体育教育是高等教育的重要组成部分，而高校现代化体育教学又是高等教育现代化发展重要组成中的关键环节。同时，高校体育教学在大学生接受高等教育的过程中肩负着全面提高高校学生身体素质的重要使命，为现代化素质教育的培养发挥着重要的作用。网络技术在高校体育教学中的应用为改变传统模式下高校体育教学提供了技术上的支持和保障，同时也为高校体育教育工作者未来信息化教学的发展带来了难得的机遇。网络技术应用在体育教学中，并与其他学科进行多学科教学辅助整合后的教学方式得到了迅速发展，并且受到了学术界许多专家学者以及高校体育教师和学生的认同，在网络技术运用于高校体育教学的过程中展现出其特有优势。与此同时，高校体育教学工作者在体育教学过程中，通过将网络技术融入传统体育教学过程中来设计新的教学模式，使网络技术更好地服务于高校体育教学的需求，为高校体育教学的现代化发展起到良好的辅助作用。将网络技术应用到高校体育教学管理的工作中，可以有效地促进高校体育教学管理效率的提升，为高校体育教师与学生提供良好的教学科研环境以及更加便捷的交流途径。未来一段时期，网络将从根本上改变原有的高校体育教学模式，并更加有效地整合高校体育教学资源，极大地推动高校体育教学的现代化发展。

建立和完善高校体育教学网络技术应用平台的环境，需要加大高校计算机硬件设施的投入，加强高校校园网中体育网的建设。良好的高校体育教学网络技术平台环境是建设现代化高校体育教学的基础，其中包含了标准化的网络技术设施和系统化的教学软件。随着网络时代背景下网络技术的快速发展以及高校已经基本普及的网络多媒体教室和大量的体育教学网络应用软件，高校体育教学网络技术平台的应用环境得到较好的硬件保障，具备良好的教学环境可以促使高校体育教师在体育教学中更好地应用网络技术来完善高校体育教学。

随着当前网络时代背景下网络技术的发展与广泛应用，网络技术给高校体育教学带来的影响越来越深刻，应用网络技术的体育教学网络平台受到了广泛关注。在高校体育教学中应用网络技术，营造对软件和硬件建设的良性教学环境也有要求，如果不具备良好的体育教学软件和网络硬件教学环境的支持，那么在体育教学的过程中就发挥不出应有的教学效果。高校应加大对高校体育教学软件开发的力度，使之可以更好地为高校体育教学提高优质的服务。高校体育教学中运用多媒体网络教学离不开体育教学网络资源的支持，丰富的体育教学课件和教学素材是未来高校体育教学的保障，高校应及时对体育教学所需的网络教学资源库进行更新，增加体育教学所需的相关课件，对体育教学所需数据信息资料进行教学共享。高校体育教学网络资源库的建立为高校体育课程提供了充足的体育教学课件，为体育教学课件的自主设计提供了丰富的体育教学素材，而且体育教学网络资源库的建立也拓展了学生的学习途径。高校体育多媒体教学网络资源库的建立和完善离不开高校体育教师对体育教学资源的制作和搜集，需要多方面的支持，及时建立有效的激励机制提高积极性，使广大师生积极地加入体育多媒体教学网络资源库的建设中来。高校之间应加强合作，实现体育教学资源库的共享，及时对优秀的体育教学资源进行收录，并建立长期稳定的教学合作和共享关系，进而加强高校体育教学网络资源库的建设。

2. 改进传统体育教育模式，提高教学管理的质量和效率

在高校体育传统的教学模式中，多数是体育教师课堂讲述的形式，其中大多依赖于体育教师的板书以及静态投影图等单项式教学。这种传统的教学模式形式和方法都比较单一，使得高校体育课程的教学效果受到了局限，没有得到充分的发挥，网络多媒体技术是集各种网络信息载体平台于一体的技术，通过网络技术把图文以及视频动画等影像进行体育教学信息的整合，是网络技术应用于高校体育教学的重要表现方式之一。网络多媒体技术在体育教学中的应用，从而辅助高校体育教学，得到了高校体育教师的广泛认可。在高校体育教学中应用网络多媒体技术，可以针对高校体育教学的特点发挥其特有的优势，结合不同体育教学中实际教学网络软硬件设施的具体情况，应采用相对多样的体育教学课件制作软件进行网络多媒体课件的制作。这些方法的运用有利于节约教学成本，提高高校体育教师工作效率，改进高校体育教学的质量。其中，在高校体育教学中，体育理论课程教授的各项运动技术的理论与方法以及动作理论分析，还包括运动技能的教学步骤与方法和影响成绩的因素的分析，都需要有与之相应的图像解析和相应的视频教学，这样不仅能极大地提高学生课堂学习的积极性，还能增强课堂上体育教学的效果。网络技术的运用可以使体育教学中，及时选取最新的优秀赛事中运动员的数据材料和视频做教学示范，这将能够较好地调动学生学习过程中的积极性。在体育教学过程中运用情境式的教学使得体育教学的效果成倍增加，利用网络多媒体技术对体育教学进行科学处理是高校体育教学现代化发展的重要表现。体育教学智能化的管理涉及高校体育教学的方方面面，体育教学网络信息化管理可以加快体育教学工作的进度，提高高校体育教学工作效率。高校体育教学管理还包括高校体育教学资料和文档的智能化管理，当前高校体育工作中存在着一些单调、烦琐、重复的细碎工作，如高校举行校园运动会，从校园运动会的报名准备、赛程编排，到各项赛事的成绩记录以及对应的统计分析。随着现代网络信息技术的快速发展，基于高校体育教学的实际需要，对高校体育教学管理所需要的软件加强开发和运用，从而推动高校体育教学智能化管理的发展。现代化的高校体育教学不应仅仅局限于传统模式的体育教学方式，尤其在这个网络技术飞速发展的时代，网络技术

应用于高校体育教学已经成为未来高等体育教育发展的必然趋势。网络技术在体育教学中的运用有效地突破了时间与空间的限制，弥补了传统体育教学中所使用的纸质教材的不足，极大地拓宽了学生体育学习的知识面，拓展了新的体育学习方式，丰富了高校体育教学内容，强化了高校体育教学效果，增强了学生在体育教学中自主学习的积极性，提高了高校体育教学的教学效率。

高校体育教学有其独有的特性，由于体育教学中体育运动项目的种类比较多，不同的运动项目其运动技术相应也有所不同，在不同运动项目和运动技术的教学中都需要体育教师进行相应动作的示范。高校体育教师由于自身随着年龄增长等，对于体育教学中一的体育运动技能的动作示范能力有所降低，不能保证每个动作都能做得符合标准。网络技术在体育教学中的运用，有利于克服体育教师自身因素的限制，引用与相关体育课程所需的体育运动项目的标准进行示范，并整合运用到教学之中。这样不但不会因为体育教师自身年龄增长、身体技能的退化而受到影响，反而可以更好地利用体育教师本人对该运动项目多年的体育教学实践经验，达到更高标准的体育教学水平。网络多媒体技术能够将不同运动项目的技术动作全方位地展现在体育教学课堂上，同时还可以对相应的体育运动项目中的细节动作进行细致的分解教学。通过视频动画的视角转移，每个时间点的定格等，给学生在运动项目每个时间段多个视角的视觉呈现，保障学生对所学的体育运动项目每个细节的学习都有科学直观的认识，激发学生进行体育学习的兴趣，提高高校体育教学的效率。网络信息技术作为体育教学技术的一种，被广泛地应用到高校体育教学的课程之中，以促进高校学生对体育知识的学习。在当前高校体育教学过程中，不能一味地只对单一体育学科的相关的体育知识、运动技能进行教学。在如今知识信息迅速更新的时代背景下，为了更好地提高高校的体育教学的效率，应该考虑将体育教学的课程与其他学科的课程进行整合。

由于计算机网络技术与网络多媒体技术的迅速发展，新的网络信息技术不断被运用到高校体育教学的课堂之中，与体育教学的课程相结合，出现了许多新的现代化的体育教学模式和学习方式，多学科间的课程整合就是把与课程相关的交集部分进行教学内容的辅助融合，在体育教学过程中运用教学技术融为一体的体育教学理念。这些对高校体育教学有很大的帮助，在体育理论课程的教学中，集合网络多媒体技术进行课程的设计，能使体育理论的教学过程变得形象生动，同时能够提高学生在体育课堂上的学习积极性和课堂学习效率。网络技术的运用可以使体育教学中各项体育运动技术的分析更加细致准确，在高校体育教学运动训练过程中对学生的体能监测十分重要，网络技术的运用促进了高校学生体能监测的科学化，通过网络技术及时反馈出每个学生在运动训练中的负荷等相关数据并加以合理系统的分析，从而达到体育教学过程中科学化的训练效果。体能监测借助于先进的网络信息技术可以使体能监测标准化，对体育教学过程中的运动训练及时进行科学数据分析，并对相关的数据进行准确的保存，有助于历史数据的统计和分析研究，使高校体育教学中运动训练计划更加合理化，从而对体育教学中运动训练的全过程进行跟踪，包括对训练的目标和制定的训练计划以及实施训练的目标实现等。高校体育教学在保障学生掌握一定的运动技能的基础上发挥学生自主练习的积极性，使训练的过程更加科学有效。

3.加强网络技术在体育教学中的普及与相关师资队伍建设

高校体育教师是高校体育教学过程中的指引者和实践者，高校体育教师是否具备现代化的教学技术运用理念，直接影响到高校体育教师自身的教学行为的好坏。高校体育教学中网络技术的应用使传统模式下的体育教学理念和方式都发生了转变，有效地促进未来高校体育教学的改革和推动高校体育教学现代化的发展。高校体育教师在高校体育教学中运用网络技术辅助教学，需要突破传统体育教学理念的束缚，不断促进高校体育教师体育教学理念的提升，这有利于高校体育教师在网络教学技术等专业技能方面的提高，有效地建立现代化的体育教学教育理念，使高校体育教师对网络技术应用于体育教学过程中，对体育教学的效果以及教学模式和方法的提高有准确积极的思想指导。因此，高校体育教学中体育教师对网络技术在高校体育教学中所发挥的具体作用，要用准确的高校体育教学理念进行指导，才能在高校体育教学中提高高校体育教学效率，有效保障高校体育教学质量和高校体育实现现代化教学。网络技术全面应用于高校体育教学中对体育教学智能化的发展，高校体育教师工作效率的提高和学生学习效率的提高方面产生了极大的推动作用。网络技术在高校体育教学中的应用，可以有效地发挥其特性来提升高校体育教学的效果，使高校体育教学发展符合当前信息化社会现代化发展的需要，为高校的体育教学效率提高提供保障。

网络技术应用于高校体育教学，使得高校体育教师的教育职责不仅仅停留在体育课堂教学上，网络技术的运用拓宽了体育教师在课堂之外与学生交流的渠道，使得高校体育教师在课堂之外的时间可以方便快捷地解答学生在体育课程学习中遇到的问题。高校体育教师应及时对高校体育教学的网络素材库进行完善建设，为高校体育教学提供一个良好的网络支持平台和体育教学环境，这些都需要体育教师彻底转变传统模式下的体育教学理念，从而促使高校体育教师熟练掌握用网络技术于体育教学之中的特性。现代化的体育教学技术对高校体育教学中学生的学习有积极的促进作用，能够更好地增强未来高校体育教学效果。实现这些，需要高校体育教师把现代化的体育教学技术合理地应用到体育教学实践中，为网络时代下高校体育教学建立一个体育教学多媒体网络平台，为高校大学生自主学习和合作交流提供良好的学习环境，从而更好地培养高校大学生的创新能力和合作精神。

高校应及时建立完善的体育教学网络技术管理激励制度，为高校体育教学更好地应用网络技术提供完善的保障体系；高校体育教学管理制度应跟随网络教学技术的不断发展进步，及时更新有关新网络技术应用的管理规定，从而不断完善高校体育教学管理体系。高校为保障现代化体育教学技术的运用，需要重视高校的教学网络管理系统，及时采取应对措施，完善体育教学网络管理系统。要及时建立高校体育教学现代化教学技术运用的有效激励制度，如设立行之有效的奖励措施，并纳入高校评定考核体系之中，积极利用网络多媒体技术制作的体育教学课件开展教研活动。对优秀的体育教学课件及时给予相应的奖励，充分调动高校体育教师在体育教学中运用网络技术的积极性，使高校体育教师及时掌握最新的现代网络教学技术，从而积极促进高校体育教学现代化的发展。

第四章 运动训练理论基础分析

第一节 运动训练的基础

一、运动训练的范围

运动员通过系统、集中的训练以完成特定的目标。训练的目的是提高运动员的竞技能力，从而提升运动成绩。训练是一项系统工程，会涉及到生理学、心理学及社会学的诸多变量。在此期间，训练要遵循循序渐进、区别对待等基本原则。整个训练过程中，运动员的生理和心理素质得以塑造，从而满足一些严格的任务要求。

不管是初学者还是职业运动员，至关重要的一点是制订切实可行的训练目标。训练目标要根据个人能力、心理特征和社会环境来设计。有些运动员是为了赢得比赛或提高成绩，有些运动员则是追求获得运动技能或进一步提高生物动作能力。不论目标如何，都应尽可能地精确及可测量。不论是短期计划还是长期计划，在训练开始之前就应设定好，并且明确实现目标过程的具体细节。而完成这些目标的最终时刻，往往是一次重大的比赛。

二、运动训练的目标

训练是运动员为了达到最佳竞技状态的准备过程。通过制定系统的训练计划，可使教练员的训练工作更有效率，而设计训练计划需要借鉴各门学科的知识。

训练过程是以发展专项特征为目标的，这些特征与完成不同的训练任务紧密相关，包括全面身体发展、专项身体发展、技术能力、战术能力、心理因素、健康管理、伤病预防以及相关理论知识。要想获得上述能力，需要根据运动员的年龄、经验和天赋，运用个性化、适宜的方法和手段。

（一）全面身体发展

全面身体发展也称为一般身体素质，是所有体育运动训练的基础。一般身体素质发展的目的是改善基本的身体能力，如耐力、力量、速度、柔韧和协调。运动员全面身体发展的基础越扎实，就越能经受住专项训练，最终可能发挥出更大的运动潜力。

（二）专项身体发展

专项身体发展也称为专项身体素质，是为了发展专项运动所需要的生理或身体素质特征。这种训练类型是为了实现运动的一些特定需要，如力量、技能、耐力、速度和柔韧性。不过，许多运动项目需要各种关键运动能力的组合，如速度—力量、力量—耐力或速度—耐力。

（三）技术能力

这种训练强调以发展技术能力为核心。技术能力是获得体育运动项目成功所必需的条件。提高技术能力是以全面和专项身体发展为基础的，如完成体操十字支撑动作的能力，要受到生物动作能力中力量因素的制约。针对发展技术能力训练的最终目的在于完善技术动作，优化专项运动技能，专项运动技能是展现最佳竞技状态所必需的。发展技术能力应当在正常和特殊状况（如天气、噪音等）下进行，并且始终要围绕完善运动项目所必需的专项技能而进行。

（四）战术能力

发展战术能力对于训练过程也是极为重要的。战术能力训练的目的是完善比赛策略，该项训练要以竞争对手的战术研究为基础。具体来讲，这种训练的目的是利用运动员的技术和身体能力来制订比赛战术，提高比赛获胜的几率。

（五）心理素质

心理准备也是确保发挥最佳体能所必需的要素。有些专家也称之为个性发展训练。不管术语如何称谓，发展心理素质（如自制力、勇气、毅力和自信）对于成功展现运动能力是必不可少的。

（六）健康保养

运动员的整个健康状况应当引起充分重视。健康保养可以通过定期健康检查和适当的训练安排来实现，其中适当的训练安排包括将大量艰苦训练和阶段性的休息恢复搭配进行。必须特别注意伤病和疾病，在训练过程中应给予重点考虑。

（七）伤病预防

预防损伤的最佳方式是确保运动员提高了身体能力，形成了参加严格训练和比赛所必需的生理特性，并确保进行适量训练。安排不当的训练包括负荷过大，这将会增加受伤的风险。对年轻运动员来说，以全面发展身体为目标是极为重要的，因为这样可以提高生物动作能力从而有助于降低受伤的可能性。此外，疲劳控制也尤为重要，越是疲劳，发生受伤的几率就越大。因此，应当充分重视制定一个控制疲劳的训练计划。

（八）理论知识

应当在训练过程中充实运动员有关训练、计划、营养和能量再生等方面的生理学和心理学知识。运动员理解进行某种训练活动的原因非常重要，教练员可以针对各项训练计划的目标进行讨论或要求运动员参加关于训练的座谈会议来达到这一目的。让运动员具备关于训练过程和运动项目理论的知识可以提高运动员的决策能力以及增加其对训练过程的关注，这样可以让教练员和运动员更好地制订出训练目标。

三、运动训练系统

系统是指将某些观点、理论或假说采用正确的方法和手段加以组合的组织方式。一个系统的发展应该基于科学成果及实践经验的积累。虽然一个系统在自身独立前会依附于其他的系统，但该系统不应被一成不变地移植。而且创造或完善一个更好的系统必须考虑到实际的社会和文化背景。

（一）揭示系统的构成要素

构成要素是训练系统发展的核心，这可以从训练理论和方法的有关基本知识、科学成果、本国优秀教练员的经验积累以及其他国家的前车之鉴中提炼和总结。

（二）明确系统的组织结构

确定了决定训练系统成功与否的核心要素后，就可以建立现实的训练系统了，而短期的和长期的训练模式也应当随之建立。该系统应当能为所有教练员共享，但也应当保持足够的灵活性，以便教练员能够根据他们自身的经验进行下一步的丰富与完善。

体育科研工作者对于建立训练系统起着十分重要的作用。体育科学研究，尤其是应用领域的研究所提供的成果，丰富了训练系统赖以不断发展和完善的知识基础。此外，体育科研工作者的工作还能有益于完善运动员的监测计划和选材计划、建立训练理论以及完善疲劳和压力处理方法，等等。尽管体育科学对于训练系统的重要性是显而易见的，但这门分支科学并未在全世界受到足够的重视。例如，斯通认为体育科学在美国的应用呈现下降趋势，这在某种程度上解释了近些年奥林匹克运动会上美国运动员的运动成绩下降的原因。

（三）验证系统的效能或作用

一旦启动训练系统，就应当经常对其进行评估。训练系统有效性的评估可通过多种方式进行。验证训练系统效果的最简单的评估方法是该系统带来了实际运动成绩的提高，也可使用更为复杂的评估方法，包括对生理适应的直接测量，如荷尔蒙或细胞信号传导的适应。此外，力学评估方法可用于定量地测定训练系统的工作效率，如最大无氧功率、最大有氧功率、最大力量以及力量增长率峰值的评估。体育科研工作者在此领域中起着极为重要的作用，他们运用自己的专业知识来评价运动员，并对训练系统效率的提升提出独到的见解。如果训练系统并非最佳，那么训练团队可以重新进行评价并进一步改进系统。

总体来说，训练系统的质量依赖于直接和支持因素。直接因素包括那些与训练和评价相关的因素，而支持因素与管理水平、经济条件、专业化能力和生活方式相关。每一个因素对于整个训练系统的成功都发挥着重要作用，但直接因素的作用更为重要。直接因素的重要性进一步强调了这一观点：体育科研工作者为高质量训练系统的发展和完善做出了重大贡献。

高质量训练系统对于达到最佳竞技状态是必不可少的。训练的质量不仅取决于教练员，还取决于许多因素的相互作用，这些因素会影响到运动员的训练成绩。因此，所有会影响训练质量的因素都需要进行有效的落实和不断的评估，必要时进行调整，以满足当代体育运动不断变化发展的需求。

四、运动训练的适应

训练是一个有组织的过程，它使身体和心理都在不断地接受各种负荷量和强度的刺激。运动员适应和调整训练与比赛负荷的能力，同生物物种适应其所生存的环境一样重要——适者生存！对运动员来说，如果无法适应不断变化的训练负荷与训练及比赛带来的刺激，将会导致疲劳、训练过量甚至过度训练。在这种情况下，运动员无法完成既定的训练目标。

高水平竞技能力是多年精心筹划、系统而富于挑战性的训练结果。在此期间，运动员不断调整自身的生理机能以适应专项运动的特殊要求。运动员对训练过程的适应程度越高，就越能发挥出高水平的运动潜力。因此，任何组织严密的训练计划，其目标都是促进适应，从而提高运动成绩。运动员只有遵循以下顺序，才有可能提高运动成绩：

增加刺激（负荷）→适应→训练成绩提高

如果负荷总是处于同一水平，那么适应在训练的早期就会出现，随之而来的是一个再没有任何进步的高原期（停滞期）。

A.增加刺激（负荷）→适应→训练成绩提高。

B.刺激不足→稳定平台→训练效果提高不明显。

C.过度刺激→适应不良→运动成绩降低。

刺激不足→稳定平台→训练效果提高不明显，如果刺激过度或刺激过于繁杂，运动员将无法适应，发生适应不良现象，过度刺激→不适应→运动成绩降低。

因此，训练的目标是逐步地、系统地增加训练刺激（训练强度、训练负荷量和训练频率）以得到较高的适应，从而提高运动成绩。这些训练刺激的变化是指训练要素的改变，以使运动员对训练计划的适应最大化。

第二节　运动训练的原则

运动训练原则，是运动训练过程客观规律的反映，遵循训练原则就是遵循训练过程的客观规律，在很大程度上反映了训练的科学化水平；违背训练原则就是违背训练过程的客观规律，这种训练就不是科学的。运动训练原则对训练实践的重要指导作用也主要表现于此。因而实施科学化训练，就必须遵循运动训练原则，训练原则的贯彻是科学化训练的最重要的体现。

一、一般训练与军项训练相结合的原则

一般训练与专项训练相结合的原则就是指在运动训练过程中，要根据运动项目的特点，运动员的水平和不同训练时间、阶段任务，恰当地安排两者的训练比重。

一般训练和专项训练两者在内容、手段以及所起的作用方面是不同的，但其目的是一致的，都是为了提高运动员的专项运动成绩。对青少年运动员来说，在训练的基础阶段，离开一般训练，过多采取专项训练的内容和手段，对今后的发展是不利的，重要的是如何按不同水平和层次的运动员的实际情况，在训练过程的不同时期和阶段，恰当地安排好一般训练与专项训练两者的比重。

二、系统的不间断性原则

系统的不间断性原则是指从初期训练到出现优异运动成绩，以及保持和继续提高，直至运动寿命的终结，都应贯彻系统的不间断性原则的基本要求。

三、周期性原则

运动训练过程的周期一般分为：多年训练周期（4~8 年）、训练大周期（0.5~1 年）、中周期（4~8 周）、小周期（4~10 天），以及训练课（1.5~4 小时）这几种不同类型的训练周期，并以此制订各种训练计划。

每个训练周期是由准备期、竞赛期和休整期三个相互紧密衔接的时期所组成的。而每个时期都有其各自的主要任务、内容、负荷的安排、手段和方法。

就运动项目的特点而言，各运动项目对运动员机体能力有不同的要求，赛季的安排也不尽相同，如体能类的耐力性项目，准备性训练和比赛都要消耗巨大的体能，并且需要的恢复时间相对较长，因而全年大周期就相对较少；而一些技能类表现性项目和时抗性项目，尤其是球类，相对来说竞赛安排较多，赛季也长，全年训练大周期就多一些，多采用多周期（如双周期）制，或者竞赛期安排的时间较长，此外冬季运动项目如滑雪、滑冰等，受季节的影响，一般

也只安排 1~2 个大周期。

在现代运动训练中方的项目的优秀运动员年度中参加重大比赛的次数较多，并要求多次创造优异运动成绩，因此有的研究提出多周期的安排，这在优秀运动员的训练中是需要进一步通过实践和科学研究加以探讨的。

四、区别对待原则

区别对待原则是指在运动训练过程中，要根据运动员的个人特点，有针对性地确定训练任务，选择方法、手段和安排运动负荷。区别对待原则中所指的个人特点，包括运动员的年龄、性别、文化水平、身体条件，承担负荷的能力、技术、战术水平和心理素质等各个方面；确定训练任务，包括从训练课直到全年或多年训练期望达到的目标和具体任务。

第三节　运动训练的要素

一、训练量

训练量是训练的主要组成部分之一，因为它是实现高水平技术、战术和身体的先决条件。训练量有时被错误地认为仅仅是指训练的持续时间，但实际上它包含以下部分：

（1）训练时间或持续训练的时间。

（2）行进的总距离或抗阻训练的总重量（即：训练负荷 = 组数 × 重复次数 × 重量）。

（3）运动员在规定时间内完成一项练习或技术动作的重复次数。

训练量的定义可以简单理解为：训练中完成活动的总量。训练量也可以被看作是一次训练课或一个训练阶段完成训练的总量。训练总量必须是量化的指标，具有可监控性。

训练量的准确计算依运动项目或活动类型而异。在耐力运动项目中（如跑步、自行车、皮划艇、越野滑雪及赛艇运动）确定训练量的单位是训练经过的距离；在举重或抗阻训练中，采用公斤或吨位制（训练负荷＝组数义重复次数×重量）作为衡量训练量，这是因为仅考虑重复次数不能合理地评价运动员完成的训练任务。重复次数也可以用来推算运动中的训练量，如快速伸缩复合式训练或棒球、田径等运动中的投掷动作。几乎所有的运动都会包含时间要素，但训练量的正确表达形式应该囊括时间和距离两个要素（如60分钟跑12千米）。

训练量的计算方法按照时间要素可以划分为以下两种。第一种是相对训练量，指一次训练课或训练阶段中一组运动员或运动队训练时间的总数。相对训练量不适用于计算单个运动员的训练量，因为无法得知单位时间内某一位运动员的训练量。另一种更好的衡量单个运动员训练量的方式是绝对训练量，它是指运动员个体在单位时间内完成训练任务的总量。

在运动员的职业生涯中，要不断增加训练量。随着运动员训练时间的增多，训练量的增加是运动员产生生理适应并提高运动成绩的前提。将初学者与高水平运动员进行比较后明显发现，高水平运动员能承受更大的训练量。随着时间的推移，训练量的增加对从事有氧运动、力量与功率项目、团队项目的运动员的发展具有重要的作用。同样，还需要增加技术和战术技能的训练，因为提高运动成绩需要进行大量的重复练习。

增加运动员训练量的方法有许多，以下是3种常见的有效方法：

（1）增加训练的密度（即训练的频率）。

（2）增加训练课中的负荷。

（3）同时增加训练的密度和负荷。

研究人员表明，只要不引起过度训练，在训练中尽可能多地增加训练次数非常重要。另一些研究人员明确表示，训练频率越高，越能产生更大的训练适应效果。增加每天训练课的次数同样有益于运动员的生理性适应。对优秀运动员来说，每周进行6~12节训练课，每个训练课又包含多节训练小课是常见的。运动员的恢复能力是制定训练计划中运动量的主要决定因素。它决定了在训练计划中制定多少训练量。高水平运动员之所以能承受大的运动量，是因为他们能够更快地从训练负荷中恢复过来。

二、训练强度

训练强度是对运动员完成高质量训练的另一个重要训练因素。可米（Komi）

将训练强度定义为与功率输出（即能量消耗或单位时间做的功）、对抗力量或发展速度有关的训练要素。根据这个定义，运动员在单位时间内做功越多，训练强度则越大。强度是神经肌肉激活的函数，训练强度越大（如更大的功率输出，更大的外部负荷）需要越多的神经肌肉被激活。神经肌肉激活模式取决于以下四个要素：外部负荷、运动速度、疲劳程度及所从事的训练类型。另一个要考虑的因素是训练时的心理紧张程度。就训练的心理方面而言，哪怕是出现低水平的身体紧张，也会造成训练强度极大提高，从而导致注意力的分散和心理压力的产生。

训练强度的量化方式根据训练类型和运动项目而定。速度训练通常用米 / 秒、次 / 分或功率输出（瓦特）来进行量化评定。在抗阻训练中，训练强度一般以公斤为单位、克服重力每米举起的重量（千克 / 米）或功率输出（瓦特）来量化。在团队项目中，训练强度通常用平均心率、无氧阈心率或最大心率的百分比来进行量化评定。

在年度训练计划的各个不同阶段中应包括不同的训练强度，特别是在小周期阶段。可以采用多种方法来量化和确定训练强度。例如，抗阻练习或高速度练习的训练强度可用最佳运动成绩的百分比来量化。这种方法认为最佳成绩意味着最大运动强度。再比如，一名运动员在 10 秒内完成 100 米冲刺，其速度则是 10 米 / 秒。如果这名运动员能以更快的速度跑完更短的距离（如 10.2 米 / 秒），其训练强度则被认为是超最大强度，因为它超越了 100% 的最快速度。

高强度训练虽然能取得很大的进步，但产生的适应较不稳定。稳定性越低，越容易产生过度训练和运动成绩的稳定平台现象。相反，低强度的训练负荷会使进步缓慢且生理适应的刺激较小，但整个过程却更稳定。训练计划应该系统地改变训练量及训练强度以达到最佳生理适应。

训练强度可划分为两种类型：绝对训练强度，是指完成训练所需的最大百分比；相对训练强度，是用来量化一节训练课或一个小周期的训练强度，即训练期完成的训练量总和及绝对训练强度。

三、训练密度

训练密度是单位时间内运动员接受训练课的频率。训练密度可表现出单位时间内训练与恢复的关系。因此训练密度越大，训练阶段间的恢复时间就越少。

随着训练密度的增加，运动员和教练员必须建立训练与休息的平衡，从而避免引起过度疲劳或力竭，因为这些都会导致过度训练。

量化多次训练课（例如，在一个训练日或小周期）所需的最佳时间量非常困难，因为许多因素会影响运动员的恢复速度。在下一次训练课开始之前，本次训练课的训练强度和训练量对确定所需的时间量起主要作用。训练课的负荷（即训练强度和训练量）越大，所需的恢复时间就越长。此外，运动员的训练状况、实际年龄、使用的营养干预及恢复干预都会影响到运动员的恢复能力。在下一次训练开始之前，不需要从上一次中完全恢复，一般通过增加训练密度，并在训练日或小周期中运用不同负荷的训练课来促进恢复。

在耐力训练或间隔训练中，通常有两种安排"训练—休息"间隔的适宜方法：①固定的训练—恢复比率；②恢复的持续时间，能使心率恢复到预设的最大心率百分比。

（一）固定的训练—恢复比率

部分研究人员在研究间隔训练时运用了这一方法，通过控制训练—休息的间隔，教练员和运动员能够制订出发展特定生物能量适应的训练计划。用 1：1 或 2：1 的训练—休息比率来发展耐力项目的特征，而把 1：12 或 1：20 的训练—休息比率来发展力量和功率性项目的特征。

（二）预设心率

决定恢复期时间长短的另一种方法是，在下一次训练开始前确定必须达到的心率。方法一，为下一次训练的开始设定心率范围（120~130 次 / 分）；方法二，设定恢复时间，即运动员的心率恢复到最大值的 65% 所需的时间。

绝对训练量是运动员个体的做功总量，而相对训练量是一次训练课的做功总时间（持续时间）。相对密度虽然对运动员与教练员有一定的价值，但训练的绝对密度更加重要。绝对密度是运动员完成的有效训练与绝对训练量的比。绝对密度或有效训练可以用绝对训练量减去休息时间量来计算。

四、复杂性

复杂性指一项技能的完善程度及生物力学难度。在训练时，技术越复杂就越会增加训练强度。与掌握基本技能相比。学习一项复杂的技能可能需要更多的训练，尤其当运动员神经肌肉协调性差或在学习技能的过程中精力不完全集中时。让之前没有复杂技术训练经历的一群人参加该项训练，可以迅速地分辨出哪些运动员表现好，哪些运动员表现差。因此，运动或技能越复杂，运动员的个体差异与力学效率差别就越大。

即使以前已经学会的复杂技术，也会产生生理上的压力。例如，艾尼赛尔对足球运动员的研究表明，完成战术训练比完成技术训练的心率和乳酸堆积要高。在该项研究中，训练课的技术部分集中在没有对手的情况下进行技术练习。而在战术训练中，对手的存在显著地增加了训练的复杂性，因此心率和乳酸堆积也会增加。此外，在进行模拟比赛时，也会出现上述反应，但只有在实际的比赛中才会产生最大心率及达到最高乳酸水平。鉴于此，教练员在技术复杂性较高的训练或活动中应考虑到不同训练课的生理压力。

五、总体需求指数

训练量、训练强度、训练密度及复杂性都会影响训练中运动员的总需求。虽然这些因素相辅相成，但加强其中任何一种因素而其他因素不进行相应的调整，都可能增加运动员的需求。比如，在发展高强度耐力时，如果教练员想保持同样的运动强度，则应增加训练量。在增加训练量时，教练员必须考虑怎样增加训练量才会影响训练强度及训练强度必须要减少多少。

训练的计划和指导主要依赖于训练量、训练强度和训练密度三者的合理安排。教练员必须着重分析这些要素的变化曲线，尤其是训练量和训练强度。还应考虑到运动员的适应反应、训练阶段以及比赛的时间安排（赛程表）。训练要素的科学搭配可以让运动员在预计的时间内达到最佳的训练效果，并获得最佳竞技能力。

训练量是实施训练计划成功的一个关键要素。身体、技术与战术训练的整合要进行大量的工作，这些工作是刺激生理性适应，提高运动能力所必需的。教练员必须针对运动员的特点设置个性化的训练负荷，因为每一位运动员对训练量、训练强度和训练密度的承受能力都不尽相同。

在过去的 50 年里，训练负荷不断增加。运动员在一天中要参加多次训练课，在一个小周期内训练的时间也逐渐增加。运动员在运动生涯中，必须渐进地增加训练量、训练强度和训练密度。如果这些要素急剧增加将可能导致过度训练。

因此，必须要遵循区别对待原则和循序渐进原则。

　　为了确定训练计划的有效性，教练员一定要监测训练负荷和运动成绩测试的结果。教练员还要计算出训练课的密度或战术和技术训练中要练习的技术的复杂性在训练负荷中所占的比例。在许多运动项目中（如足球、英式橄榄球）监测心率是逐渐被普遍采用的有效方法，用监测到的心率来计算训练和比赛的强度。教练员要对增加训练量和训练强度的因素进行监测，并将它们与休息及恢复有机协调起来。教练员还应考虑促进身体恢复的方法和能量再生所需要的时间。

第五章　大学体育教学训练的方法

第一节　力量素质和速度素质训练

一、力量素质训练

（一）力量素质的发展既要全面也要突出重点

机体作为一个有机的联系整体，不能单独靠某一部分的肌肉发力来完成动作。针对相对复杂的技术动作，需要全身不同肌肉群的整体配合才能完成。通过世界男子百米大战可以看出优秀运动员均重视全身肌肉力量的协调发展，而不是单纯强调下肢或局部力量素质的发展。因此，在发展力量素质的过程中，发展下肢力量素质也应该加强上肢和胸、腰、背和臀等部位大肌肉群的锻炼，同时也要注重发展核心部位的深层次肌群和其他薄弱小肌群力量。

（二）做好充分的准备活动，训练结束后要及时放松肌肉

在正式参加比赛或训练前一定要做好各项准备活动。通过准备活动可以提高中枢神经系统的兴奋水平，增强机体对大负荷强度刺激的感觉；增强氧运输系统的机能，从而提高工作机群的代谢水平；此外还可以使体温提高，降低肌肉的黏滞性，增加弹性；让肌肉发挥最大的收缩力量，同时还能有效地预防肌肉损伤。力量训练结束后，由于乳酸的堆积，肌肉常常会出现充血肿胀的现象。因此，在力量训练结束后要及时采取各种活动性手段，如整理活动、保证良好的睡眠、合理的营养补充、按摩理疗等，使肌肉充分放松。

（三）集中注意力，加强安全保护意识

肌肉活动总是在中枢神经系统的调节下进行的，力量练习时要集中注意力。

充分靠目标肌群有效发力完成动作练习，真正做到使意念活动与练习动作紧密保持一致；练哪里靠哪里发力。这样不仅可以使肌肉力量得到更好的发展，还能降低大负荷练习时的受伤概率。另外，为了加强力量练习的安全性，还应加强学生的自我保护和互相保护意识，在大负荷重量练习时严禁单独训练。在临近力竭时，更应该注意加强同伴之间的保护，预防安全事故的发生。

（四）与专项动作相结合，保证技术动作的规范性

不同的专项动作有不同的技术结构，要求参加工作的肌肉群力量也不同。如投掷类项目要求学生竭尽全力地使器械获得最大的加速力量。因此，在力量训练的过程中要根据专项技术的动作结构来选择恰当的练习方法，更好地获得发展有关肌群力量的效果。在实际力量练习时，必须按照相关动作的技术规格要求严格进行，否则容易由于身体姿势的不正确，导致技术动作变形，不仅会影响目标肌群的训练效果，而且会提高运动损伤发生的概率。例如，在进行杠铃深蹲练习时需要双眼平视前方，始终保持收腹挺胸，腰背部挺直；靠大腿、核心部位肌群协同发力。针对大负荷训练要系好腰带；严防弓背的出现。为了进一步加强安全保护，可以在杠铃两侧安排两名保护人员以防腰部损伤。

（五）要掌握正确的呼吸方法

憋气有利于固定胸廓，提高核心肌群的紧张程度，通过有效的憋气可以提高人体在极限状态下完成动作的最大力量。有学者研究发现，人在憋气状态时背力最大为 133 千克；在呼气时为 129 千克；而在吸气时只有 127 千克。尽管如此，也应该注意到过度用力憋气会引起胸廓内压力的提高，使动脉的血液循环受阻，导致脑贫血，甚至产生休克现象。因此为避免憋气产生不良后果，当短时间内完成最大用力时，应尽量避免憋气，尤其在负荷不大的情况下重复做练习时，更不要憋气。针对初始训练者，应尽量减少极限用力的练习。引导其在练习过程中学会正确呼吸；此外尽量避免在完成力量练习前做最深的吸气，因为过度深吸气会增加胸廓内的压力导致练习效果不佳。

（六）要制订系统的训练计划

根据用进废退的原理，力量素质训练应全年系统安排，不能无故中断。相关研究证明，力量增长得快，在停止训练后消退得也快。但是，发展力量素质练习不宜在疲劳的状态下进行，因为这种状态下的练习主要发展的是肌耐力而不是肌力量；同时可能还存在潜在的安全隐患，训练效果更是大打折扣。

力量素质训练应该依据不同人群、不同项目以及训练任务的不同而区别对待，负荷的安排应具有明显的周期性、波浪式特点。力量训练课的次数应根据训练课所处的阶段和周期、需要达到的具体目标，训练者的年龄、性别、身体状况，特别是现阶段的训练水平等做出具体安排调整。在每次训练中，先安排发展最大力量、速度力量，最后安排力量耐力的练习。

在进行发展力量素质的训练课中应使全身肌肉群得到充分锻炼。一般按照从下肢肌肉群到核心肌肉群再到上肢和肩带肌肉群的顺序进行练习。根据专项训练动作，应先安排复合动作使主要的大肌群得到锻炼，然后安排孤立动作使局部肌群得到充分锻炼。

二、速度素质训练

速度素质是指人体快速运动的能力，包括人体快速完成动作和对外界信号刺激快速反应以及快速位移的能力。学校体育教师、教练员可结合实际提高以下几个方面认识，加强对学生速度素质的培养，全面提高学生的速度素质，从而带动学校体育活动的开展。

（一）速度素质包括反应速度、动作速度和移动速度

反应速度是指人体对各种信号刺激快速应答的能力。动作速度是指人体或人体的一部分快速完成某一个动作的能力。移动速度是指人体在特定方向上位移的速度。以单位时间内机体移动的距离为评定指标。一位具有良好移动素质的运动员，不一定也具有良好的反应速度。

（二）各项速度素质的训练应明确的问题

1.反应速度训练应明确的问题

首先，反应速度由神经反射通路的传导速度所决定，基本属于纯生理过程，不受其他因素影响。纯生理过程的提高是相当困难的，很大程度上取决于遗传因素，通过训练可使学生潜在的反应速度能力表现出来并稳定下来。

其次，在训练中学生注意力集中与不集中大不一样，注意力集中，可使神经系统处于适宜的兴奋状态，使肌肉处于紧张待发状态，此时，肌肉的反应速度比处于松弛状态时可提高60%左右。这种状态有时间限制，一般适宜时间为1.5秒左右，最多8秒。因此，短跑运动员在预备起跑时，要紧紧地压住起跑器，

思想集中，准备迅速迈出第一步。

最后，反应速度的提高在很大程度上取决于运动员对信号应答反应的动作熟练程度。在进行反应速度的训练时，还要经常改变刺激因素的强度和信号发出的时间。

2. 动作速度训练应明确的问题

提高速度应与掌握和保持正确的技术动作紧密地结合在一起。专门性的动作速度训练与专项比赛动作要求相一致。在反复做某一个规定动作为发展动作速度时，应合理地变换练习的速度。练习的持续时间一般不宜过长，动作速度的训练强度较大，运动员的兴奋性要求高，一般不应超过 20 秒。练习与练习之间的间歇是由练习的强度所决定的，练习强度大，需要的间歇时间就应长些。但也不要忘记，间歇时间过长易导致兴奋性下降，不利于用剩余兴奋去指挥后边的练习，如持续时间 5 秒、强度达到 95% 以上的练习，间歇时间以 30 ～ 90 秒为宜。

3. 移动速度训练应明确的问题

首先，测定移动素质的手段常用短距离跑；距离不要过长，可用 30 ～ 60m 的距离；最好不从起跑计时，而测定其全速跑通过某段距离的能力；在运动员不疲劳、神经兴奋性高的状态下测验；可测定 2 ～ 3 次，取最佳成绩。

其次，最大步频和快速跑中的支撑时间对运动员的快速移动能力有着重要影响，优秀运动员单脚撑地时间为 0.08 ～ 0.13 秒，普通人为 0.14 ～ 0.15 秒。

再次，提高移动速度有两个基本途径：一是力量训练，使运动员力量增加，进而提高速度；二是反复进行专项练习。无论通过哪个途径提高移动速度，训练中都必须重视确定适宜的训练负荷。

最后，在训练实践中运动员力量得到增加，并不意味着移动速度马上可以提高，有时当力量训练负荷减小以后，才有提高，这种现象叫"延迟性转化"。

三、提高各项速度素质的常用手段

（一）反应速度训练常用的手段

信号刺激法，利用突然发出的信号提升其对简单信号的反应能力。

运动感觉法，需要经过三个阶段。一是让运动员快速地对某一信号做出应答反应，然后教练员告知其时间。二是先让运动员估计时间，通过测定进行比较，提高运动员对时间的准确感觉。三是要求运动员按事先所规定的时间去完成练习，这样可以提升对时间的判断能力，促进反应速度提高。

选择性练习，具体做法是，随着各信号复杂程度的变化，让运动员做出相反的应答动作。

（二）提高动作速度常用的方法手段

利用外界助力控制运动员的动作速度，在使用时必须掌握好助力的时机及用力的大小，同时还应让运动员很好地感觉助力的时间及大小，以便他们能独立及较早地达到动作速度的要求。减少外界自然条件的阻力，如顺风跑等。

利用动作加速或利用器械重量变化而获得的后效作用发展动作速度。借助信号刺激提高动作速度。缩小完成练习的空间和时间界限，如球类利用小场地练习。

（三）提高移动速度常用的手段

首先，发展最高移动速度每次练习的持续时间不能过长，应以使每次练习均以磷酸原代谢为主要供能途径，一般来讲，应保持在 20 秒以内。多采用85% ～ 95% 负荷强度，练习的重复次数不应过多，以免训练强度下降。确定间歇时间的长短，应能使运动员机体得到相对充分的恢复，以保证下一次练习的进行。休息时，可采用放松慢跑，做伸展练习。

其次，是各种爆发力的练习和高频率的专门性练习，如田径短跑做高抬腿跑、小步跑、后蹬跑、车轮跑等。

最后，也可利用特定的场地器材进行加速练习，如斜坡跑和骑固定自行车等。

四、速度训练的基本要求

1.速度素质训练应结合运动员所从事的专项运动进行，如在短跑项目中应着重提升听觉的反应能力，在球类运动中应着重提升视觉反应能力。

2.速度素质训练应在学生兴奋性高、情绪饱满、运动欲望强的情况下进行，一般应安排在训练课的前半部分。

3.速度提高到一定程度时，常会出现进展停滞、难以提高的现象，称为"速度障碍"。出现速度障碍时，可采用牵引跑、变速跑、下坡跑、带领跑、顺风跑等手段予以克服。

4.掌握学生的实际身体情况，科学地安排速度训练。由于移动速度具有多素质综合利用的特点，移动素质的发展与力量、耐力等其他身体素质的发展有着密切的关系。因此，对学生进行速度训练的同时，要十分重视全面身体素质的训练。

第二节　耐力素质和柔韧素质训练

一、耐力素质训练

（一）将耐力素质训练融入体育课中的必要性

1.耐力素质训练可有效促进学生身体素质的发展

耐力素质是指人体在尽可能长的时间内进行肌肉活动的能力，耐力也可看作对抗疲劳的能力。长期的耐力练习，可以使大脑皮层长时间保持兴奋与抑制有节律的转换，使大脑皮层神经过程的均衡性得到改善，神经细胞的工作能力和支配肌肉活动的各运动中枢之间的协调也能得到改善。特别对提高心血管系统和呼吸系统的机能具有良好的效果。

2.耐力素质是保证持续完成任何运动的前提保障

身体素质包括五个方面，即力量、速度、耐力、灵敏、柔韧，在这五种基本素质中，耐力都是重要保障。如百米跑后程就要有充足的体能做保障，进行肌肉力量练习做的组数多或做的练习类型多同样也需要耐力做保障。耐力是保证持续完成任何运动的前提保障，有很多爱好者无论是在从事球类运动还是其他运动，除了技术外，到最后拼的都是耐力，只有身体持续不断地提供充足的体能储备才能更好地发挥自己的能力，才能有更好的精神状态投入到一天的学习和生活当中。

（二）推动体育课中耐力素质训练的方法

1.考虑学生运动需要，激发学生的运动兴趣

在体育课程中，采用哪些方法、开展哪些内容去开展和推行耐力素质训练，

教师首先要考虑的就是学生的运动需要，激发学生的运动兴趣。

什么是运动需要？就是学生对体育运动的自身价值所产生的趋势，或想掌握某项体育运动技能的一种需要。如何判断学生的运动需要？我们可以从健身锻炼的方向出发，结合体育心理学方面的知识，以及学生的兴趣爱好，考虑他们的情感需要，找出学生的运动动机和运动兴趣所在，通常我们运动是需要得到满足的，一旦满足就会产生运动的愉悦感，激发其运动兴趣。所以说，学生的运动需要是其运动兴趣得以激发与培养的源泉。

除运动需要外，融洽的师生关系、现有运动技能水平、运动内容的新奇性与适应性、成功体验的获得，都是影响运动兴趣的主要因素。其中，融洽的师生关系可以保证教师引导学生向健康积极的方向发展。

2. 丰富健身田径运动形式，通过游戏性比赛调动学生运动积极性

最近几年提出了很多好的健身锻炼的方式，如健身田径运动、少儿田径运动、自然环境中的田径运动、趣味性的田径运动等，都是从不同角度和方面去让运动更有价值、意义和趣味。

本节中提到的健身田径运动，也都是结合了田径中最基本的走、跑、跳、投掷等各种技能，既是人类本能的运动基础，也是表现基础运动能力的专门技能，如散步、快走、定时跑、定距跑、走跑交替、跳绳、跳跃游戏等，对参加者来讲负荷适宜、效果全面、条件随意、终身受益。因此，我们可以通过开展丰富的健康田径运动形式，通过游戏性比赛调动学生的锻炼积极性及提升其对所学的知识、技术的综合运用能力。

3. 进行适宜耐久跑，逐步提高学生耐力素质水平

适宜距离、强度、速度的耐久跑会给学生身心带来愉悦和欢快。所以耐久跑应以中等强度、保持适宜的时间、确定适宜的距离为前提，提倡个人根据自己的实际情况，确定练习方式和负荷，以个人自我进步度的评价作为控制练习的依据，避免出现因"比赛"和"达标"等约束条件的影响，被动性地超出个人力所能及的练习负荷，造成运动伤害。

在耐久跑中要使学生懂得耐久跑的价值与作用，了解跑的正确方式和节奏，能在跑前、跑后进行自我脉搏测量，懂得健身跑的心率应控制在 120 ～ 150 次 / 分钟为宜。体育教师采纳、执行也可以根据自己学校的实际情况，做到灵活变动和因地制宜，一定会取得不断改善的效果。

关于跑的正确方式和节奏，教师应给予学生指导。一是要形成正确的跑姿和跑的方法，养成健身跑的习惯。教师可以通过图片、媒体展示或师生简述与示范，使学生了解并掌握耐久跑正确的动作方式，能够做到动作轻松、步伐均匀、重心平稳。二是要学会呼吸方法和掌握呼吸节奏，这是练习耐久跑的基本要求。要在慢跑中有意识地教会学生正确的、有节奏的呼吸方法，注意加深呼吸的深度是很有必要的。

只要做到以上几点，并且教师认真负责地有针对性地安排指导学生练习，会慢慢地提高不同阶段学生耐力素质的水平。

二、柔韧素质训练

众所周知，柔韧素质是提高训练水平的重要因素之一，柔韧素质的提高不但有利于技术动作很好地完成，而且有利于提高动作质量与动作幅度，其表现为协调性的不断提高、节奏感强、运动能力的明显增长等。运动员如果不在柔韧性上做大强度、高效率的训练，那么他们在运动技术运动成绩方面将很难得到更大的提高。因此，必须充分重视柔韧素质，并且科学地进行训练。

（一）柔韧素质的理解

体能是以人体三大供能系统为能量代谢活动的基础，通过骨骼肌的做功所表现出来的运动能力。体能是运动员的基本运动能力，是运动员竞技能力的重要构成因素。运动员身体素质的发展受多种因素的影响。

1. 柔韧素质的概念

柔韧性素质是指各关节活动范围的大小及肌肉、肌腱、韧带等组织的伸展能力。在"牵伸训练"中"柔韧性"一词是指"正常"范围内的运动能力。

2. 柔韧素质的分类

①与静力性柔韧相关的关节在不强调速度的条件下进行拉伸时的运动幅度（ROM）有关，因此静力性柔韧是静力性牵伸的结果。②弹性柔韧，通常跟摆动、弹起、弹回和节律性运动有关。③动力性或功能性柔韧是指在以正常速度或快速进行身体活动时运用一系列关节的运动能力。④活动性柔韧是指没有外力辅助的条件下，由肌肉主动运动时的活动范围。

（二）目前国内对"柔韧素质"研究的文献分析

笔者通过查阅《中国期刊全文数据库》《贵州师范大学图书馆》《贵州数字图书馆》及大量与柔韧素质相关的文献，发现当前"柔韧素质"的相关文献多数涉及的是体育运动中柔韧素质的重要作用，以及地位和体育运动训练中柔韧性的训练方法和手段等领域，关于体育运动中柔韧素质的具体可实施性的对策和建议的文献相对较少。从笔者掌握的文献来看，当前对体育运动中柔韧素质的探讨和研究基本集中在以下几个领域：

1. 柔韧素质在体育运动中的重要作用及地位

赵余骏、许寿生、李燕在《PNF训练对少儿艺术体操练习者柔韧素质的影响》中提到，通过对实验组和对照组两组实验结果数据的对比分析和对每名练习者自身的两次数据进行对比分析，得出少儿艺术体操训练者通过系统的训练，PNF训练和传统柔韧素质训练都能使练习者的柔韧素质得到相应的提高。少儿艺术体操练习者柔韧素质训练采用PNF训练法，相比传统柔韧素质训练的负荷强度而言，相对较小的负重负荷，可以使柔韧素质得到显著提高。拉伸法不仅仅在提高肌肉的柔软性方面有很大的作用，而且能够明显地提高肌肉发力的柔韧性，可以作为训练的柔韧训练一种很好的方法。静力性拉伸法可以提高柔软性，但对于肌肉的柔韧性的提升方面却并不是很理想。刚开始柔韧训练可以采用PNF拉伸法和静力性拉伸法进行练习；训练到一定阶段后，可以用PNF拉伸法进行训练，这样便于适应各个阶段的训练需求。

蔡广浩、熊凡在《静力拉伸和动力拉伸对提高柔韧素质的研究综述》中表示，在人们的意识中虽然体现出了静力性拉伸优于动力性拉伸的想法，但是相关方面的研究仍显不足，所以在理论上的支持仍需实验数据的支撑。从搜集的资料来看，大部分研究集中在练习手段的开发上，专门针对动力和静力练习效果的研究较少。由于人们对柔韧素质训练普遍认识程度不够，对训练方法的区分和操作不熟悉，很容易在训练和健身过程中造成运动损伤，影响运动成绩和训练热情。

孙红在《论柔韧素质在跳高运动员身体素质中的重要地位》中指出，身体素质是人体器官、系统机能在肌肉工作中的反映。它是身体发展、体质增强的主要内容，也是一个人健康水平的重要标志。身体素质是从事各项体育运动的基础，是取得优异运动成绩的根本保证。发展和提高身体素质是体育教学训练中的重要任务，是提高运动员运动水平和运动技术的根本保障。运动能力的掌握和提升，良好的身体素质是关键的支柱。因此，身体素质的发展状况对掌握、巩固和提高技能技术、顺利完成教学和训练任务来说是极其重要的。因此，笔者认为柔韧素质在其中起着主要作用。

以上三者都对柔韧素质的重要作用及地位从多个角度进行了系统而全面的分析和研究，都较为准确地指出了柔韧素质在体育运动教学和训练中的重要作用和地位，并开展了高深度、多视角的读解。

2. 体育运动中柔韧素质的技术教学及运动训练方式方法

陈志刚、董江在《青少年短跑运动员的柔韧素质训练探析》中指出青少年田径短跑运动员大都柔韧素质比较差，导致他们在协调性上也较差，在技术动作上的缺点是动作幅度小而生硬，这种情况使他们在运动技术上的提升和训练成绩的增长也受到了很大的影响。青少年在这个阶段正是生长发育旺盛的时候，年龄的增加会带动身体状态、机能等方面发生很大的变化，因此在青少年时期如果我们能够对运动员制订一系列有计划、有目的性的柔韧素质训练，这将会使他们很快掌握短跑技术、技能，并且不断提高运动水平。

柔韧素质练习的基本方法与手段有以下几个方面：

第一，静力拉伸练习法。将平缓的动作保持在静止不动的状态，从而使肌肉、韧带等软组织拉长到一定程度，在这个拉伸过程中，肌肉、韧带能够获得较长时间的刺激，这是这个方法的一个重要的特征。

第二，动力拉伸练习法。自主拉力运动法是一种屡次重复相同动作的有规律的、相对较快的运动方法。在短跑训练中这种练习方法有个主要特征——肌肉强度改变的最大值在自主拉力的时候大概比静力拉伸大两倍。

第三，柔韧性练习常通过以下方法进行：①正弓步压腿，这是为了提高腿部后侧肌肉的柔韧性；②侧弓步压腿，这是为了提高腿部内侧肌肉的柔韧性；③后压腿，练习的目的是增加腿部前侧肌肉的柔韧性。在研究中发现，一些运动员会忽略其他素质的训练，为了提升成绩只是在速度和力量上进行练习，这种情况也会造成他们的成绩提升受到负面影响，而事实是柔韧素质决定了其他素质的发展，各素质的发挥和利用也受它影响，它是联系各素质间的一种良好的媒介。

郭书华在《柔韧素质锻炼方法》中指出，柔韧素质是很多体育运动项目必须具备的重要体能之一。针对小学生的柔韧素质的提高，采取了一系列方法策略，并收到了很好的反馈。其训练方法：

第一，吻靴。目的：低弓步压腿，重点训练膝关节的柔韧性。动作方法：训练者一条腿屈膝成半蹲状态，另一腿向前伸直成弓步，脚跟着地，勾脚尖；身体前屈两手抓住前伸的脚尖；两臂屈肘用力向后拉，上体屈髋前俯，头及下颏尽力去碰触脚尖。控住几秒后上身缓缓抬起，间歇一会儿后做换腿重复练习。

第二，双人拉锯练习。目的：用于提高学生腰背部、腿部后侧和膝关节韧带的柔韧性。动作练习方法：两人一组对面坐地上，脚相对，腿伸直，上体前屈，手相扣前后拉动。

第三，扶腿压前屈。目的：提高腰部、腿部柔韧性。动作方法：一人仰卧，两腿并拢，两腿做体前屈，一人扶其腿下压。

第四，脚迈过"圈"。目的：提高身体柔韧性，增进腰腹肌肉力量。动作方法：训练者站立，两手相握放体前。身体前屈，左右脚依次从两手臂和躯干成的圈内迈出。当脚都迈出后，两手不松，身体保持正直，两手由臀后侧朝上提起，双手相扣放于身体后面。

第五，"马咬尾"伸展练习。目的：训练腰腹部肌肉的柔韧性。动作方法：训练者膝跪于地手撑地，向左扭转脊柱，尽力从肩部看到左侧臀部，左侧臀部可向前轻微移动。几次后，脊柱换方向扭转。

第六，钻膝拉手。目的：提高身体柔韧性，拉长肩背部肌肉和韧带。动作方法：训练者站立，双腿膝部外开，腿部成"O"形，身体前屈，手臂从腿部内侧穿进，穿过膝关节后，再屈双肘，臂小腿前，双手放在脚踝前相扣。

第七，跨绳比赛。目的：提高身体柔韧性。动作方法：两手握绳于身体前面，两腿从绳上跳过，再跳回来。

张建、史东林、周博、李光军在《三种拉伸方法对于提高艺术体操运动员韧素的实效对比研究》中表示：第一，PNF拉伸方法能够有效地提高艺术体操运动员肩关节、髋关节柔韧素质水平。与动态拉伸方法和静态拉伸方法相比，PNF拉伸方法除了在柔韧素质水平的提高方面成果显著外，柔韧素质的训练成绩还能表现出持续性、渐进性提高的趋势。第二，静态拉伸方法对于柔韧素质的改善效果虽然优于动态拉伸方法，但是在提高柔韧幅度与速度方面均落后于PNF拉伸方法。第三，动态拉伸方法对柔韧素质能够起到有限的提高作用，但是保持成绩的能力最差。他们的研究论证指出：①证实拉伸训练对提高艺术体操运动员的柔韧素质水平有重要意义。②结合前人对柔韧素质的研究结果，丰富动态拉伸、静态拉伸与 PNF 拉伸三种不同拉伸方法之间的对比研究。③丰富艺术体操运动员专项柔韧素质训练手段，证实拉伸训练对改善艺术体操运动员肩、髋关节柔韧素质水平的实效研究，为艺术体操运动员专项柔韧素质训练提供理论参考依据。

以上三者都对柔韧素质的技术教学及运动训练方法方式做了研究、分析与探讨，并都提出多种在体育教学与训练中行之有效的提高柔韧素质的方式方法。

综上所述，从目前的研究成果来看，当前研究体能中柔韧素质的文献大多集中在对柔韧素质的作用、重要性及地位方面和锻炼方法方式等领域，大致分为体育运动中柔韧素质的重要作用及地位和竞技体育运动中柔韧素质的技术教学及运动训练方法方式的分析两个方向，但少有关于柔韧素质在学校体育教学中发展的对策和建议的文献。学校体育教学中柔韧素质的发展具体可实施性的对策和建议是非常有必要的，不仅可以对青少年学生的体质发展起到实质性的作用，使学校体育课更加便于开展及开展得更好，而且可以促进学生体育能力的增强，更加便于学习其他能力。本节试图通过对柔韧素质在学校教学中运用的练习方法的现状进行调查与分析，以期提出更多的、具体的、更好的在体育教学中发展柔韧素质的可实施性建议。

第三节　灵敏素质和协调能力训练

一、灵敏素质训练

灵敏素质训练原则是人们依据客观事物运动的内在规律而制定，在实践中必须遵循的法则或标准。运动训练原则是依据运动训练的客观规律确定的组织运动训练所必须遵循的基本准则。灵敏素质的训练也有其自身规律，只有遵循这些规律才能系统、有效地发展运动员的灵敏性。根据运动训练的原则结合灵敏素质的特征多年训练实践，笔者认为，灵敏性的训练应遵循三大基本原则。

（一）健康安全与竞技需要原则

1.健康安全原则

"以人为本"是现代社会的根本要求，社会的发展是为了人的发展，人类社会创造的一切都应是为了人类全面、自由的发展。体育运动当然也不例外。

健康安全是一个人生存的基本权利，是人从事体育活动或其他活动的基础。田麦久教授指出，健康是运动员的基本权利，是运动员保持系统训练的重要基础。运动训练以取得运动成绩和提高竞技能力为主要目的，而现代运动训练理论中恰恰缺失了运动员健康部分的内容。

安全保障是确保运动员免受伤害的关键。在运动训练或比赛过程中，尽量保证运动员的安全，避免伤害事故的发生。灵敏素质练习对运动员的身体有较高的要求，所以，灵敏性练习一般安排在训练课的前半部分。灵敏性练习前，教练员需调动运动员的积极性、激发运动员的训练动机，在其体力充沛、注意力集中、精神饱满的状态下进行练习，以获得最佳训练效果。另外，应变换练习手段，根据不同阶段或练习重点进行不同的灵敏素质练习。例如，沙滩排球运动员在徒手练习时需注意变换动作和改变方向，再结合球进行训练，这样既可以提升其判断能力，也可以根据需要对预判、变向和变换动作的能力进行练习。准备期可以重点发展一般灵敏素质或对三类灵敏素质分别进行训练，逐步提高。比赛期则以专项灵敏素质训练为主。

灵敏性训练也应从运动员的健康状况出发。因为灵敏素质训练是高强度的练习，危险系数较高，与一般的康复性训练有很大不同，运动员在身体状况不好或有伤病的情况下不应参与灵敏性训练。运动员进行灵敏素质练习或测试时，需确保其处在安全的训练环境中。首先，保证训练或测试地面与比赛地面要求一致，包括合适的服装和鞋子。若在硬地上测试要保证地面防滑，运动员应穿着相应的训练服装和防滑的鞋子。其次，有充分的练习空间，确保运动员能够安全地完成练习或测试。最后，进行灵敏性练习或测试时，运动员应保持注意力集中和良好的状态，防止疲劳。

2.竞技需要原则

竞技需要原则是由项目特征决定的，教练员应时刻考虑灵敏性训练要满足项目需要，不同项目对灵敏素质的要求不同。简单地将灵敏素质分为一般灵敏性和专项灵敏性不是目的，对专项灵敏性进行深入分析，进而得出专项灵敏素质的练习方法才是关键，使其从能量消耗特征、项目的技术特征和力学特征等方面贴近项目。根据竞技需要选择灵敏素质练习方法的依据有供能特点、动作形式和移动的速度等，以便训练效应更好地转移到专项竞技能力中。如果一个项目需要大量的侧向移动，那么练习中应体现这一需求。例如，沙滩排球训练应根据项目的预判特点、变向特点和动作特点分别进行，达到自动化的程度，这样才能确保灵敏性训练贴近比赛。

（二）适宜负荷与区别对待原则

1.适宜负荷原则

训练效应的生理基础是人体对刺激的适应，而负荷就是这种刺激。也就是说，任何训练效应的获得都必须通过对运动员施加负荷才能实现。必须明确的是，人体的适应能力并不是无限的，在训练过程中当人体的适应能力正向发展时，常伴随运动成绩的提高；而当人体难以适应持续的负荷时，常伴随运动成绩的下降。所以，对负荷的控制已成为运动训练学研究的焦点，灵敏素质的训练同样存在运动负荷的问题。

灵敏素质是以磷酸原系统供能为主的素质，练习时强度较大，易产生疲劳感，所以，每次练习后应有足够的休息时间，以保证机体磷酸原的基本恢复。运动生理学研究表明，每千克肌肉中含 15 ~ 25 mg 分子 ATP-CP，该系统的供能时间一般不超过 8 s，而 ATP-CP 恢复一半的时间大约是 30 s，完全恢复所用的时间是 3 ~ 4 min。所以，在进行灵敏素质训练时，一般练习时间不应超过 10 s，以充分发展灵敏素质供能系统的能力。两次练习之间的休息应超过 30 s，一般为 30 ~ 50 s；组间间歇应稍长一些，一般为 3 ~ 4 min，以保证 ATP-CP 含量的恢复。为了使运动员较长时间保持良好的灵敏性，应适当提升运动员的糖酵解供能能力和有氧代谢能力。研究表明，运动员尽力保持速度进行灵敏素质的练习仅能维持 7 s，一般而言，敏捷性、加速度和快速脚步的练习时间应保持在 3 ~ 5 s，灵敏性的练习总时间一般不超过 4 min。

运动负荷主要强调运动量、运动强度及间歇时间。进行灵敏素质训练时，对强度的控制，教练员可以通过运动员完成练习所用时间（一般情况下如果练习的速度降低 10% 以上，应停止灵敏性练习，说明开始疲劳，并且功率下降）和监控运动员心率来间接评价。有经验的教练员还可以通过观察获得重要信息，如当运动员动作技能下降，特别是制动时动作不稳、制动能力下降时，应考虑延长间歇时间或停止灵敏性训练。

2.区别对待原则

区别对待原则是指在运动训练过程中，根据运动员的特点、训练水平，因人而异地制订训练计划和安排训练负荷。进行灵敏素质训练时也应考虑区别对待的原则，因人、因时、因项、因地制宜地进行练习，才能获得良好的训练效果。

灵敏素质训练中区别对待原则的执行需做到如下几点：

首先，根据运动员的特点进行灵敏性练习，不同训练水平的运动员，应采用不同的练习方法和负荷。如有些运动员灵敏性不好，可能是由于预判不足，抑或是移动变向能力或变换动作的能力不足，练习时应根据运动员的不同情况分别进行训练。其次，不同项目运动员灵敏素质的要求不同，这已在竞技需要原则中进行过阐述，在此不再赘述。

最后，处在不同训练阶段的运动员应安排不同的灵敏素质训练内容。开始阶段应注重基本脚步或身体控制能力的练习，如冲刺跑、后退跑、侧滑步和起动、制动、变向等基本移动能力和控制能力，为后继的灵敏性训练打下基础。如果运动员能很好地控制平衡和身体重心，并能快速移动，将会增大其成功的概率。随后可进行一些与专项相关的灵敏素质的移动步法练习，若是需要器械的项目，还可结合器械进行移动变向和变换动作的练习。当达到一定程度后，可以结合专项运动场景进行必要的预判和快速反应练习，使之达到自动化的程度。

（三）全面发展与敏感期优先原则

1. 全面发展原则

全面发展是指在灵敏素质训练过程中，应全面提升运动员的观察判断能力、变换动作和改变方向的能力及身体控制能力。观察判断能力、变换动作和改变方向能力是灵敏素质不可分割的三种属性，将灵敏素质进行分类，并单独对某一属性进行研究，是为了更深入地探讨该属性的特点，因为不同能力具有不同的表现形式。但决不能因此而忽视了灵敏素质的完整性，只有将这三种能力统一起来进行多维度的考察，才能更加准确、完整地把握灵敏素质的真意。在运动情景中任何一方面的能力存在不足，都会影响运动员灵敏性的整体表现。

观察判断能力的培养。结合运动实践提升运动员的观察能力，通过更加广阔的视觉追踪策略，获取更多有效的信息，巩固视觉搜寻的结构模式，加强对细微动作的辨别能力，形成运动记忆加以存储，以提高判断的准确性和速度。研究表明，视觉注意力可以不经过眼动而得到加强，并且控制视觉搜索的任务和结构似乎可以储存在记忆里，"双眼紧盯着球"的模式似乎不是处于最佳竞技状态的运动员喜欢的模式。大量研究表明，观察判断能力的训练可以提高运动员的意识并提升运动员的决策能力。

变换动作能力的培养。全面发展运动员的技术动作 (专项技术和非专项技术)。实践表明，学习掌握的技术动作越多、越熟练，建立的暂时性神经联系就越多，不仅表现出学习新动作技术快，更表现出技术运用灵活且富有创造性的特点。

改变方向能力的培养。全面学习多种移动步法，起动、制动、变向身体姿势与重心的控制，起初可以学习一些简单的闭链式移动动作，然后增加一些简单的刺激，并逐渐增加难度，包括刺激的难度和动作、方向的难度，以有效提升运动员的变向能力。

灵敏素质由上述三部分构成，但并不是简单相加。如果发现一种练习方法运动员练习起来较困难，应重点练习而不是将其调整为已熟练的练习动作。

2. 敏感期优先原则

身体素质的发展过程不仅是一个持续稳定的变化过程，而且存在着增长速度特别快的过程或阶段，人们习惯将这一过程或阶段称为身体素质发展的敏感期。判定标准为年增长平均值加一个标准差作为临界值，增长速度大于或等于临界值的年份为该素质的敏感期。一般素质敏感期有迅速发展期和较快发展期。抓住敏感期进行针对性的训练能提高训练的有效性，达到事半功倍的效果。

灵敏素质的训练要符合运动训练的基本规律，但灵敏素质自身的特点决定了其训练规律具有特殊性。我们根据灵敏素质的特点和运动训练的规律将灵敏素质的训练原则归结为：健康安全与竞技需要原则；适宜负荷与区别对待的原则；全面发展与敏感期优先原则。

二、协调能力训练

在人体综合性的运动素质中，最重要的一项就是人体的协调能力，人体协调能力的强弱决定着一个人运动素质的高低，通过培养人体的协调素质来提高身体的协调性，可以提高人体体能、人体技能及提升人的心理能力，以便达到更好的训练目的和效果。目前，可以通过对人体运动各个方面的分析来提高人体的协调性，通过分析制订提高运动人员身体协调性合理、科学的训练方案。

（一）人体运动协调能力的特征

运动协调能力是指运动员的机体各部分活动在时间和空间里相互配合，合理有效地完成动作的能力。《运动训练学》中指出："运动素质是人体体能的重要组成部分，是机体在活动时所表现出来的各种基本运动能力，包括力量、耐力、速度、柔韧和灵敏等。它们之间都有各自相对独立的作用，又密切联系、彼此制约、相互影响，其中每一个因素的水平，都会影响着体能整体的水平。"肌肉的活动要通过运动来实现，运动中的战术、技术及运动素质等都要通过肌肉活动来表现，所以力量素质是运动的基础。

在每日的基本训练中，运动者在剧烈的肌肉训练时，通过神经活动也可以调节和控制肌肉活动。我们从外观来看，力量训练是通过肌肉的活动来实现的，但从实际角度出发，从生理学方面来看，身体协调性是人的神经系统在起作用，神经系统接受感受器时，由于外部环境或者自身体内的刺激通过身体内的神经系统传播到大脑皮质区域，调节肌肉的张弛与伸缩活动。运动协调能力本身是一种重要的智力，在运动中对神经系统的刺激，对大脑的发育是有着积极重要意义的，通过练习掌握运动技能，细化肌肉协调的能力，它反映的是一种精细的感觉，也是一种对外部刺激的分析和综合能力。

（二）人体运动协调能力的主要制约因素

1. 遗传因素

运动能力的各种组成性状是由遗传因素和环境因素共同决定的。一般来说，不明原因性的协调能力差，绝大部分是由遗传因素导致的，遗传因素决定了运动者运动能力的起点，遗传因素与人体协调能力有着紧密的联系。人的身体在运动过程中，能够完成非常复杂的运动技术动作，这与人的神经系统中的功能水平存在着较为密切的联系，所以说人体协调能力与神经系统中的功能水平关系极大，人体的神经系统功能是先天形成的，它很难被外界或者自身体内的因素所影响，所以说神经系统的功能不易受到后天的改变，先天的遗传原因制约着人体协调能力的发展水平。

2. 大脑皮质下中枢神经系统

所谓"闻道有先后"，运动技能有些人做起来相对简单，有些人相对难，就像很多人的身体运动协调能力都是由先天发育决定的，但是仍然有不少人经过后天不懈努力的运动训练，提升了自己的身体协调能力。在人体的运动机体内，要想完成较为复杂的运动技术动作，仅仅依靠大脑的皮质或者神经系统的调节是不完整也不准确的，这还要取决于皮质运动区域内的抑制与兴奋过程灵活地转换支配身体机能来完成，只有这样才能完成高难度而又复杂的运动技术动作。如果人体的传导机能和反射机能出现障碍，人体的协调能力就会受到制约。

3.感官系统机能

感官是指能够感受外界事物刺激的器官，包括眼、耳、鼻、舌、身等。人身体的各部分都存在感受器，它们在受到外部环境或者自己身体内的刺激时会通过身体内的神经系统传播到大脑皮质区域，经过大脑皮质区域的综合分析，找到解决方案从而调节身体的机能。人在运动时，感受器也开始了它的工作，时刻准备着接受身体发出的信号，它们之间有复杂而又微妙的关系，感受器作为神经系统调节的各个效应器官，为身体能够更好地运动提供了桥梁，身体能够更有效、正确地完成运动技术动作。感官系统具有很好的灵活性，能够为人体的肌肉和肝脏器官提供最为重要的支撑。

4.运动技能的储存数量

一个人如果有丰富的运动技能储备，并且拥有高水平的运动技能，就能够轻松地建立起新的条件反射，更快地接受并且掌握更高难度且复杂的运动技术动作，与此同时，其身体协调能力也能够很好地得到提升。大脑皮质支配着人体的肌肉活动，也可以这样说，大脑皮质支配着人体的各项运动。人们对身体素质的理解就是人体肌肉活动的能力，一个人的速度、耐力、力量、灵敏与柔韧性都比较好就说明这个人身体素质好，也可以说运动素质好。随着运动素质的发展，人体机能也在不断地增强和扩大。随着运动技术水平的提高，也说明我国的运动机能有很大的提升和创新，并且技术掌握的熟练程度也大步提高。人体的运动技能之所以能够改进、发展和提高，这都归功于大脑皮质活动的反应，这基于大脑神经在运动条件反射时做出的建立、巩固和分化。

人体运动技能的形成归功于条件反射的建立。运动技能的储存数量越多，越能顺利地建立新的条件反射，掌握新的运动技术动作，人体就会表现出较为良好的运动协调能力；反之，运动技能储蓄数量不足，人体则会表现出较差的运动协调能力。

5.其他运动素质的发展水平

人体协调能力还受其他运动素质发展水平的影响，其他运动素质包括柔韧性、灵敏性、力量、耐力、速度、身体平衡力、技术动作纯熟度等。例如柔韧性，它是指人体关节活动范围的大小及跨过关节的韧带、肌腱、肌肉及其他组织的弹性和伸展性，发展柔韧性素质，身体柔韧性不好的运动人员，关节活动范围较小，跨过关节的相关组织弹性和伸展性较差，他的柔韧性就制约着身体协调性的发挥。灵敏性是指在人体突然运动的条件下，准确、敏捷而又快速地完成技术动作的能力，它是一种运动技能综合性表现的运动素质，灵敏性较差的人，运动反应较慢，身体协调性较差，但是通过转身突然跑、倒退跳远、躲闪跑、快速启动、急停练习等灵敏素质的练习能够有效地提升人体的协调能力。平衡能力分为两种：一种是静态平衡，如座位、站立位等在一定范围时间内对身体姿势平衡的维持；另一种是动态平衡，如走、跑、跳等运动中的身体维持，平衡能力不足会导致运动发展迟缓，从而影响人体的运动协调能力。

（三）人体运动协调性训练法

不习惯运动技术动作的各种身体练习，可以反向完成动作，如右手换左手实践。改变已习惯技术动作的速度和节奏，如做多组小跑、慢走、变换跑的练习等。还可以通过玩游戏的方式完成复杂的运动技术动作，如穿插一些技术动作的慢动作练习。创造性地改变完成动作的练习方式，可以采用不便于组合的动作，使用已经掌握的技术动作做一些更加复杂的组合训练。改变技术动作的空间范围，适时用信号或用条件刺激使得运动人员做各种改变动作的练习。循环训练法，根据训练的具体任务，建立多组练习站、练习点的训练，运动人员应当按照规定的顺序、路线，依次循环完成每站所规定的练习内容的要求的具体训练方法。

一个人的协调能力越基层，协调性训练法的使用频率越高，但是，如果是1.8 米以上的人，技术动作仍不协调，协调性训练频率也要高。在准备时期，每周的训练频率为 2~3 次较为合理，动作项目至少十项，每项动作的练习次数至少 3 次才能达到锻炼身体协调能力的效果，在做训练前必须要深刻了解自己是在哪些方面不协调的，要针对不协调的方面适时了解和掌握训练方法并学习相关理论知识，进行科学合理的锻炼。杜绝盲目的训练，否则不但没有锻炼效果反而会伤害到自己的身体，因为每种训练方法所适合的协调感是不同的。在进行协调能力训练的同时也需要发展其他运动素质，从而更有效地改善身体的协调能力。

关于一个人运动协调的能力，与人体的竞技能力有着密不可分的关系，协调并不是单一的力量、速度、柔韧性等运动素质的表现，而是这几种因素的综合表现，并且，人体拥有高度发达的感觉器官和神经系统，能够协调复杂的机能活动和适应多变运动环境。研究表明，制约人们身体协调能力的因素主要有以下几种：一是遗传；二是大脑皮质下中枢神经系统的支配机能；三是人体感官系统机能的灵敏性；四是运动技能的储存数量；五是其他运动素质的发展水平等。

体育运动的目的是通过运动来进行人体运动素质的训练，身体协调是体育运动的灵魂，只有身体协调了，人体的肌肉才能依赖大脑神经系统的支配发挥其作用。一个人运动协调能力的提升和发展能够大大提高身体的锻炼效果，能够纠正错误的运动技术动作，能够提高各个技术动作之间的协调性，在提高心理素质方面也有非常可观的效果，还能够附带着表现力、注意力、观察力及自信心等个人能力的提升，在运动比赛过程中发挥更好的作用和效果。

第六章　大学体育瑜伽训练

第一节　高校瑜伽教学中的柔韧素质

通过瑜伽训练，学生不仅能强身健体、美体塑形，还能进一步理解美、感悟美与创造美，形成自信、乐观、真诚、向上的良好人生风貌。但是，瑜伽训练是否成功，一定程度上取决于练习者各个关节的柔韧度，而要想实现瑜伽健身塑形的效果，瑜伽教学中注重柔韧素质训练至关重要。

一、柔韧素质的相关内涵阐述

柔韧素质其实就是伸展能力，即人体各个关节处的肌肉、肌腱及韧带等的伸展功能。柔韧素质好的，其伸展能力较强，瑜伽训练中不易造成运动损伤；柔韧素质差的，则极有可能在训练中造成扭伤、拉伤等瑜伽训练类运动损伤。柔韧素质根据不同的划分标准可分为不同的类型，而不同类型的内涵也不尽相同。

根据与专项关系柔韧素质可分为两类：①一般柔韧素质。这种柔韧素质是指在瑜伽训练中，运动者为适应一般训练或者实现一般瑜伽技能的提升而必须具备的一些柔韧素质。②专项柔韧素质。即在瑜伽训练中，为了适应某一专项训练、迎合特殊化专项训练要求而对应需要的柔韧素质。

根据外部运动状态表现柔韧素质可分为两类：①静力性柔韧素质。即人们在进行静态瑜伽练习时，将肌肉、肌腱等拉伸到一定静力练习所需要的角度，并停留一段时间，如瑜伽练习中的劈叉、下腰等。②力性柔韧素质。它与静力性柔韧素质相对应，一般表现为瑜伽训练者的弹性回缩及动力拉伸等。

在瑜伽教学中，教师要重视柔韧素质，并将其训练渗透于瑜伽教学的方方面面，不断强化学生的瑜伽练习。

二、高校瑜伽教学中柔韧素质的重要性

（一）促使高质量、高标准瑜伽动作的完成

在高校瑜伽教学中，无论是初级体位教学，还是高级体位教学，柔韧素质都对学生的瑜伽训练结果有一定的影响，是高标准、高质量瑜伽动作成功完成的关键。在初级体位教学中，良好的柔韧素质不仅能帮助学生完成一些基础瑜伽动作的拆分、组合等练习，还能使学生尽快投入瑜伽训练，通过较高的身体柔韧度及自主学习更高效地掌握瑜伽动作。

（二）有利于帮助高校瑜伽训练者提升自信心

在高校瑜伽教学中，瑜伽训练能帮助学生健美塑形，当学生完成高难度瑜伽动作，体会到人体与动作融合的美妙，并将自己最优美的身姿展现出来时，其自信心便陡然提升。但毋庸置疑，只有拥有良好柔韧素质的学生才能做到。因此，只有通过柔韧素质训练，提升学生身体关节的柔韧度，学生才能不断克服高校瑜伽练习中的各类困难动作，提高瑜伽训练水平，达到自信、能力提升的目的。

（三）全面提升高校瑜伽教学的质量和水平

高校瑜伽教学水平的高低，一方面取决于教师的教学能力，另一方面则与学生学习潜能、柔韧素质等密切相关。柔韧素质好的学生能尽快掌握各类瑜伽动作要领，并积极主动地进行瑜伽动作练习，用较好的身体协调度、柔韧度等实现高质量瑜伽练习，这对教学质量的提高具有促进作用。而柔韧素质不好的学生往往会花更多的时间与精力去重复同一个动作，但一不小心便会造成运动损伤，这极大阻碍了教师教学效率的提高。可见，学生身体柔韧性直接影响着学生瑜伽动作完成的质量，也关系着瑜伽教师的教学水平。因此，瑜伽教师要意识到柔韧素质对于教学的重要性，不断强化对学生柔韧素质的训练。只有强化柔韧素质训练，才能使瑜伽教学中大多数学生达到瑜伽训练要求，用较高的柔韧素质去提高瑜伽动作质量，推动瑜伽教师教学质量和水平的提高。

（四）好的柔韧素质能有效激发学生兴趣

教育心理学将兴趣作为成功完成一件事的必备元素，学生一旦对某一件事情产生浓厚的兴趣，便会全神贯注、专心致志地投入其中，成功率自然很高。兴趣可分为直接兴趣与间接兴趣，两者相互融合。在高校瑜伽教学中，教师不仅要激发学生的直接兴趣，也要使其保持直接兴趣，或者将间接兴趣逐渐转变为直接兴趣，这就需要强化对学生的柔韧素质训练。良好的柔韧素质能提升学生瑜伽学习的自信心，能随时随地激发和保持学生的直接兴趣，使其执着于瑜伽学习与训练。兴趣一方面来源于外因的刺激，另一方面则来源于自身的喜爱与肯定。柔韧素质好的学生更容易在瑜伽学习中实现自我价值，体会到瑜伽学习的乐趣，而这样的学生能长久保持学习兴趣，提高瑜伽训练质量。

（五）提高学生学习瑜伽的积极主动性

积极主动性是学生参与瑜伽教学活动，实现师生交流互动，并高质量完成瑜伽动作的基础与前提。高校瑜伽教学要实现以学生为本，尊重学生的课堂主体性地位，关注学生个体发展。这就需要教师提高学生瑜伽学习的积极性，使其主动接触瑜伽，自主进行瑜伽练习。在高校瑜伽教学中，每个瑜伽动作对学生柔韧素质的要求都不同，教师可以根据不同动作难度需求，对学生进行有针对性的柔韧素质训练。教师可以将瑜伽动作分为难、中、易三个类别，然后让学生根据自身的素质差异，选择适宜的动作来训练，并在实践训练中不断提高柔韧素质，改变训练级别，以激励学生自主进行瑜伽训练。

三、瑜伽教学中锻炼学生柔韧素质的有效方法

（一）掌握两种重要的柔韧素质训练方法

巧用动力拉伸法。此训练方法是相对有效的柔韧素质训练法，是指学生在瑜伽训练中有节奏地重复某一个动作进行持久的训练，对身体的各个软组织进行拉长训练，以达到对身体柔韧度的训练，如连续从各个侧面踢腿、甩肩等。

静力拉伸法需要学生先通过动力拉伸法缓慢、逐渐地将身体软组织进行拉伸、拉长，在拉长到某一个程度时可以暂停拉长，并静止一段时间，在这段时间内的拉伸便是静力拉伸。静力拉伸、动力拉伸进行配合锻炼，能有效提高身体的柔韧性。

（二）柔韧素质训练需要一定步骤

胯部训练是学生进行瑜伽训练发挥重要作用的一个部位，训练胯部柔韧性可从趴胯、搬胯、劈叉等动作开始，胯部练习目的是使学生的胯部充分打开，达到 $200°$ ~ $400°$ 。

正腿、后腿训练柔韧素质训练离不开对正腿、后腿的系统训练。在训练中，对于学生不规范的动作标准，教师要对学生进行正确的搬、压、耗等，直至完成反复的腿部训练。

在训练中，肩、胸的训练要尽可能同时训练，先让学生学会简单的肩、胸推压训练，继而转战复杂动作。腰部训练也很重要，教师可进行多途径训练。

肌肉支撑训练属于压轴训练，教师应特别对待。

（三）柔韧素质训练的注意事项

1. 合理把握训练力度。例如，在进行拉伸身体软组织时，到底应该运用多大力气才能做到既不拉伤软组织，还能达到训练结果？一般情况下，学生在拉伸时如果感到酸、痛、胀，这时所用的力气便是最佳。

2. 激发学生兴趣。很多学生感觉柔韧度训练枯燥乏味，不愿积极配合，这时教师应在训练中渗透趣味元素，激发学生训练的自主性。

3. 消除学生训练的紧张感。学生如果在训练时出现了紧张焦虑现象，教师要及时缓解，正确疏导，并帮助其顺利进入训练正轨。

4. 训练强度要适中。强度适中是提高柔韧素质应注意的一点，教师应强化重视。

第二节　高校瑜伽教学中的形体训练

随着社会的发展、人们生活水平的提高，瑜伽逐渐走入人们的生活，并以其独特的魅力受到了大众的喜爱。随着新课改的发展，高校现也开设了瑜伽课程，以此来提升学生的气质，促进学生的综合发展。

一、形体训练和瑜伽的功能作用

形体训练主要通过舒展优美的舞蹈基础练习，结合古典舞、身韵、民族民间舞蹈进行综合训练。形体训练是所有运动项目的基础。形体训练可以塑造人们优美的体态，培养高雅的气质，纠正生活中不正确的姿态。形体训练适用人群广泛，尤其适合女性。

长期的瑜伽练习能够提升身体免疫力，促进血液循环，使身体组织得到充分的营养；缓解人们的生活压力、消除烦恼，达到修身养性的目的；提高人们的注意力，提高工作效率；增添人们的活力，形成积极向上的乐观心态，增强自信心，促进身心的全面发展。

二、形体训练和瑜伽的关系

瑜伽需要在专业人士的指导下进行练习，否则易给练习者的身体带来伤害。瑜伽的专业训练有前倾式坐姿、弯曲式坐姿、站姿、平衡的姿势、放松的姿势等。由此可见，瑜伽对练习者身体的柔韧性、协调性等都有较高的要求。而形体训练的目的也是矫正身姿、锻炼练习者的耐力，在这方面，形体训练和瑜伽是具有相同点的。练习者在进行瑜伽练习前先进行形体训练，通过专业的指导、练习，提高身体的舒展度、柔韧性等，并了解掌握了一些瑜伽的基本动作，再进行瑜伽学习时，练习者能够很快进入状态，掌握瑜伽要领，感受瑜伽所带来的特有魅力，增强瑜伽的学习兴趣，调动练习者的积极性，从而能够更好地学习瑜伽、感受瑜伽。由此可见，瑜伽和形体训练是相辅相成、相互促进的，将形体训练融入瑜伽教学中，有着非常重要的教学意义。

三、形体训练对瑜伽教学的作用

（一）调动学生的积极性，增强学生学习瑜伽的热情

通过形体训练，学生身体的柔韧性、舒展度都得到了提高，从而在进行瑜伽训练时能够很快掌握，提升自信心，调动学生的积极性，增强学生学习瑜伽的热情。

（二）提高学生瑜伽学习的质量

形体训练可以矫正学生的身姿，提高学生身体的协调性，这也是瑜伽教学中所要求的。形体训练和瑜伽练习这两者是相辅相成、互相促进的。学生进行形体训练可以提高瑜伽学习的质量。形体训练是学生在优美的音乐旋律下，使

身体各个部位得到舒展。瑜伽的练习也是在音乐中进行的，学生在形体训练中对音乐的掌握有助于加深对瑜伽音乐的理解和鉴赏。由此可见，形体训练有助于提高学生瑜伽学习的质量。

四、形体训练在高校瑜伽教学中的应用

（一）合理安排形体训练的时间

形体训练对瑜伽教学有着极其重要的作用，因此在瑜伽教学中要合理安排形体训练的时间。在进行瑜伽教学时，教师可先利用四分之一的时间让学生进行形体训练，使学生在进行瑜伽训练时能够更容易地掌握动作要领，调动学生瑜伽学习的积极性。形体训练要贯穿于学生的整个瑜伽学习过程，调整学生身姿，提高学生身体的柔韧性，从而能够更好、更快地学习瑜伽，增强学生学习瑜伽的兴趣，提升高校瑜伽教学的实效。

（二）培养专业的瑜伽教师

瑜伽教师的专业水平直接关系着学生对瑜伽的理解及学习，因此各高校应当加强对专业瑜伽教师的培养。瑜伽教师不仅要学习瑜伽理论知识和瑜伽技能，还要学习如何将形体训练巧妙地融入瑜伽教学中。高校可聘请专业的瑜伽师对高校瑜伽教师进行定期培训，讲授瑜伽理论知识，指导学习瑜伽动作；高校瑜伽教师也可针对瑜伽教学心得进行交流，提升自身的瑜伽教学能力；形体教师和瑜伽教师也要进行定期的交流学习，取长补短，提高自己的专业水平，从而能够更好地进行瑜伽教学，调动学生学习瑜伽的积极性，增强学生的学习热情，促进瑜伽教学的改革与发展。

（三）加强形体训练的规范性

瑜伽对学生的柔软度、身体协调能力等都有较高的要求，瑜伽的一些基本动作都具有塑形、健身的作用，学生若动作标准，则可以达到调整身姿、提高身体柔韧性的作用；学生若动作不标准，不仅不能够掌握瑜伽的基本要领，甚至还有可能拉伤肌肉，损害身体健康。这就要求加强瑜伽训练前的形体练习。

（四）形体训练时要采用循序渐进的方法

瑜伽的动作具备较强的设计性，如果学生没有做到位，在很大程度上会影响瑜伽的效果。因此瑜伽教学要制订科学的教学计划，让学生由易到难，循序

渐进地进行瑜伽学习。现在教学中最常用的是适用性形体训练方法，这种方法可使学生提前了解学习到瑜伽的一些基本知识与动作，增强学生学习瑜伽的积极性。通过不断地练习，学生逐渐掌握一些基本要领，教师逐步增加形体训练的难度，提升学生的柔韧性与身体协调能力，使学生能够更快、更容易地掌握瑜伽动作。运用循序渐进的方法，学生的接受程度高，且易掌握瑜伽基本动作要领，达到瑜伽教学的目的。瑜伽教师还要针对学生的个体差异化特征因材施教，保证每个学生都能够掌握瑜伽动作要领，感受瑜伽所带来的美感及艺术性。

瑜伽可以调节学生的身心健康，增强学生的活力，促进学生形成积极向上的乐观态度。瑜伽练习与形体训练是相辅相成、相互促进的。形体训练可以调动学生的积极性，增强学生学习瑜伽的热情，提高学生瑜伽学习的质量。因此，在瑜伽训练中，应当引入形体训练，增强瑜伽教学的实效性；合理安排形体训练的时间；培养专业的瑜伽教师；加强形体训练的规范性；形体训练时要采用循序渐进的方法；调动学生学习瑜伽的热情，促进高校瑜伽教学的改革与发展。

第三节　高校瑜伽教学中的呼吸训练

一、瑜伽呼吸的目的和重要性

呼吸是人最重要的机能。呼吸人人都会，但是人们对呼吸的了解却很少，经常以不正确的方法进行呼吸。由于人为的因素，大部分的成年人会有呼吸不完全的现象。我们的呼吸一般是任意和不规律的，大多数人呼吸浅短、缺乏规律，只利用了肺部的1/3。连续不规律的呼吸，不仅损害神经系统，而且妨碍内分泌的固有功能，最终使体质变得虚弱。结果身体开始丧失力量和活力，产生经常性的疲劳和沮丧的感觉。

瑜伽理论认为，人的呼吸受意识的影响，复杂、混乱的思维意识会导致呼吸失去平衡。人的身体状况在很大程度上依赖于呼吸的规律性，呼吸方式可以高度地反映出一个人的情绪情感。当人们在心烦意乱的时候，呼吸就变得很慢和没有规律；而在狂怒、焦虑和紧张不安时，呼吸则变得迅速、表浅和混乱。

庄子说"呼吸以踵"，是说要用脚后跟呼吸，把呼吸深入脚后跟。瑜伽理论认为，人一生的呼吸量是有一定限度的，呼吸又快又匆忙，对健康不利。相反呼吸缓慢，犹如在品尝空气的人，可获得长寿。调整呼吸，是我们生存的基本因素，也是健康的必要基础。

所以，在开始习练瑜伽的时候，想要让瑜伽的作用发挥得更好，首先是进行呼吸的习练，而不是先进行体式的习练。只有正确的呼吸才可以让身体更放松。因此，认识呼吸的重要意义和掌握正确的呼吸方法是瑜伽习练的当务之急。

二、瑜伽呼吸的意义

呼吸是生命的特征之一。呼吸节律的变化，表明人们的情绪、行为和健康也在发生着变化。瑜伽的呼吸法训练，能让人掌握正确、科学的深呼吸方法。它能使身体变得稳定、放松，能更好地舒展筋骨，并且能最大限度地将氧气吸纳到肺部，对身体的健康非常有益。深呼吸还能安抚人的情绪，使心灵获得平衡。所以瑜伽的精髓是由呼吸来控制身体的放松、稳定、平衡，以达到身心合一的境界。因此，所有的瑜伽经典理论都认定，"呼吸是瑜伽实践的源头"。

三、瑜伽呼吸习练的要求

用鼻呼吸。用鼻子呼吸可以过滤和温暖空气，以免刺激呼吸系统。习练过程中要保持鼻腔和口腔清洁，以保持呼吸的顺畅。习练地点：安静、通风、干净的场所；习练时间：空腹状态下或饭后 3~4 小时；习练姿势：坐式或仰卧。呼吸要有一定的自然节律，避免过度用力。瑜伽的呼吸是自然而然进行的。

四、瑜伽呼吸的好处

习练瑜伽首先要学会如何调整自己的呼吸，也就是瑜伽呼吸法。瑜伽呼吸法的好处有很多，它的功效就是能净化自己的身心，平稳呼吸能让自身变得从容平静，能培养出气质。瑜伽的呼吸主要靠腹肌、肋间肌和横膈膜的运动来进行。这种呼吸均匀、缓慢又深长，可以向身体的各个器官提供更多氧气。为了使心肺保持良好功能，我们必须学习瑜伽呼吸法。

（1）瑜伽呼吸能提高免疫力，预防呼吸系统疾病，改善消化系统功能。

（2）有效地缓解放松身心，改善失眠状态，有效增强体质。瑜伽呼吸可以向身体的各个器官提供更多的氧气，使我们的心肺保持良好的功能，加速血液循环，排毒。

（3）按摩滋养腹腔器官。随着腹肌的起伏运动，胃肠的活动量就会增大，消化功能也将得到加强，从而使人体对养分的吸收更加充分。

（4）减肥。增强腹肌，移除腹壁脂肪。呼吸功力越深减肥效果越好。呼吸的深度决定肠部蠕动与收缩能力，能力越强，新陈代谢越快，燃烧脂肪能力就越强，减肥效果就会越好。

（5）保持青春。瑜伽的完全呼吸能控制身体使身体处在良好的健康状态，增强人体活力，进而促进精神的活跃。它可使头脑灵活、体力充沛，感觉越活越年轻。

（6）消除紧张和疲劳。瑜伽的呼吸法通过有意识的呼吸排除体内的废气和虚火、消除紧张和疲劳。人们主动调节呼吸的深度和频率，就能有效放松绷紧的神经，舒缓焦虑的心情。

（7）改善心理状态，控制情绪。当身心完全放松专注于伸展肢体时，体内会产生一种让人心情愉快的"脑内啡呔"，安定心绪就可以释放负面情绪并让人产生正面想法，逐渐达到"身松心静"及"身心合一"的境界，培养了集中力、注意力。

五、瑜伽中的呼吸方式

瑜伽的呼吸方法有十多种，教学中较为简单也容易为初学者所掌握的有"腹式呼吸法""胸式呼吸法""完全呼吸法"。

（一）腹式呼吸

腹式呼吸是瑜伽教学中最重要、最基础的呼吸方法，这种呼吸法的适用率更高，是通过加大横膈膜的活动来完成的。在呼吸的过程中，要求胸腔保持不动，感觉腹部一起一浮。正确的腹式呼吸是体位法、冥想和高阶呼吸调控的基础。吸气时，把空气直接吸向腹部，横膈膜下降，手会被腹部抬起，吸气越深，腹部升起越高。呼气，横膈膜自然而然地升起，腹部向内、朝脊柱方向收，凭着尽力收缩腹部的动作把废气呼出双肺之外。

腹部是人体气血交汇之处，腹式呼吸可以促进全身的气血循环，通过按摩腹部内脏，把肺底的废气、浊气、淤气排出体外，消化功能也将得到加强，使人体对养分的吸收更加充分。腹式呼吸能有效地锻炼腹部肌肉，使小腹肌肉变得紧缩而结实，达到减肥瘦身效果。

（二）胸式呼吸

胸式呼吸主要靠肺中间的部位来完成，是通过肋间肌的收缩或舒张，增加人体的肺活量，每个人在日常生活中的呼吸基本上都是胸式呼吸，它是一种无意识的浅而短的呼吸方式，而在瑜伽呼吸习练中的胸式呼吸则是一种有意识的调控，是深而长的呼吸方式。深深吸气，是把空气直接吸入胸部区域。胸部区域扩张（腹部应保持平坦）。吸气越深，腹部越向内、朝脊柱方向收入。吸气时，肋骨是向外和向上扩张的。然后呼气，肋骨向下并向内收。在情绪不稳定的时候，多做几组深而长的胸式呼吸，可以使心态逐渐平和稳定下来。

（三）完全式呼吸

此种呼吸法是把腹式呼吸和胸式呼吸结合起来完成的。这是一种自然的呼吸方法。轻轻吸气，先吸满腹部，再充满胸部的下半部分，最后充满胸部的上半部分，尽量将胸部吸满空气，双肩可略微升起，胸部也将扩大，腹部内收。呼气时，先放松胸部，再放松腹部，用收缩腹部肌肉的方法结束呼气，确保肺部呼出最大量的空气。整个呼吸应该是畅顺而轻柔的——就像波浪轻轻地从腹部波及胸腔中部再波及胸腔的上半部，然后减弱停息。

运用完全式呼吸，排出的二氧化碳量是普通呼吸的三倍以上，可以大大增加氧气供应，使血液得到彻底的净化；还可以使膈肌和胸腔得到锻炼，提高胸腹组织的活力和耐力，增强人体呼吸系统对疾病的抵抗能力。

六、教学中呼吸的运用法则

起吸落呼，开吸合呼，也就是胸腔扩开的时候吸气，胸腔缩小闭合的时候呼气。但要注意，不应在呼吸期间为了刻意追求夸张的效果而导致身体各部位任何形式的紧张。

动作顺应地心引力时呼气，动作对抗地心引力时吸气。扭转身体时呼气。呼吸要带动动作，它是动作的来源；练习时要先呼吸再做动作，先动作结束然后呼吸才结束，呼吸的过程大于做动作的过程，呼吸的深浅能量会影响到动作的幅度。

瑜伽呼吸习练过程中，意识必须集中。瑜伽遵循"规则、均匀、长、深"的呼吸原则。习练的时候一定要注意呼吸节奏的把握，不要急于完成动作。呼与吸的比例是 1：1，逐渐过渡到 1：2，尽量拉长呼吸的周期，中间不能悬息，习练三个月无悬息的呼吸习练，才可进行悬息习练。一定要量力而行、循序渐进。

瑜伽习练中应该没有任何勉强，呼吸也不例外，保持自然、轻松的呼吸即可。当保持一个姿势的过程中，如果觉得呼吸很难维持或出现憋气、急促的现象，那是动作幅度超出个人能力范围的表现，教师可以指导学生调节动作伸展和拧挤的程度，最重要的不是动作"到位"的程度，而是自己的呼吸是否顺畅和身体伸展的肌肉走向是否正确。

对初学者来说，掌握起来有一定的难度，这主要表现为呼吸习惯的不适应。教学中教师随时强调体位中的呼吸方式，在指导学生练习体式的过程中，应边讲解示范动作边提示学生进行正确的呼吸，对于初学者提示可以具体到何时吸气、何时呼气。此外，初学者可以一个动作分几次呼吸，动作就停在吸气结束的时候，但后弯的姿势除外，一次呼吸就应完成。尤其是简单的体位，提醒学生慢慢地适应呼吸和体位的相互配合，只有这样，瑜伽呼吸教学的效果才会更加明显。

总之，瑜伽习练时呼吸是可以练出来的，慢慢控制思维，别暗示自己刻意呼吸，逐渐将潜意识里的呼吸还原到自由、自然的状态，让呼吸和身体的动作协调起来。

呼吸对我们的健康而言，是非常重要的。练好瑜伽呼吸可以让我们的身体机能得到很好的提高，坚持瑜伽呼吸可以帮助我们调整心态、保持活力。在瑜伽课中呼吸法非常关键，它贯穿瑜伽课始终，强调呼吸法掌握后，再进行瑜伽体式习练，这样才可以让运动达到事半功倍的效果，尽情享受瑜伽带给你的魅力。

第七章　体育训练教学实践

第一节　足球运动在高校体育教学与训练中的作用

足球运动的历史十分悠久，在世界范围内，堪称参与人数最多、普及地域最广的竞技运动类型，有着"世界第一运动"的美誉。与其他各种运动类型相比，足球运动的特点非常鲜明，集娱乐性、健身性、竞技性、群体性、社会性、便捷性于一身。一方面，这些优势共同缔造了足球运动在全球的影响力；另一方面，这诸多优势也使足球运动在促进人的身心健康发展方面具有显著的积极作用。在我国，足球运动起步较晚，虽然在广大高校校园内都建设有足球场地，但场地质量不高，参与运动的学生人数不多，制约了我国高校体育教学水平和质量的提高。因此，有必要研究足球运动在高校体育教育与训练中的意义和作用，提高广大高校体育教育工作者对足球运动的认识，促进足球运动在国内的推广普及。

一、足球运动在高校体育教学与训练中的作用

（一）提高大学生的心理素质和身体素质

强健大学生体魄，提高大学生心理素质是高校体育教学与训练的基本教育功能，也是各类体育运动教学的基本导向。足球运动作为一项运动强度大、竞技性和技术性强的运动，在锻炼提升大学生的身体素质和心理素质方面都具有良好的作用。第一，足球运动场地开阔，标准的足球运动场地长为 $90 \sim 120 \, m$，宽为 $45 \sim 90 \, m$，踢足球的时候要在大面积的场地中长时间地奔跑、对抗，对体力的要求很高，经常进行足球运动和训练，自然能够高强度地锻炼学生身体。第二，足球运动对运动技术的要求很高。众所周知，人的上肢灵活

性要远远超过下肢，因此，很多技术性运动都是以人的上半身，尤其是以双手、手臂为运动核心的，如羽毛球、乒乓球、排球、篮球等；而足球运动的一大特征就是以人的下半身，主要以双腿、双脚为运动核心，因此，足球运动技术的训练对人的身体协调性、柔韧性要求比一般运动更高，更有助于锻炼人的身体。第三，足球运动是一种竞技性很强的运动，在进行比赛的过程中，参与者必须克服身体疲劳的压力，奋力拼搏，还要面对各种比赛中的变数和不利局面，自我调整心态和情绪，这就能够有效促进运动者心理素质的提升。

（二）培养大学生的科学思维方式和创造力

科学的思维方式是正确认识事物的前提，也是形成科学世界观的重要基础，创造力是人类个体智力和实践能力的集中体现，是推动社会进步的重要元素。在信息时代和知识经济时代到来的今天，科学思维方式和创造力是高素质人才必须具备的能力，大学生是我国高素质人才的储备军，培养其科学思维方式和创造力是现代高等教育的必然要求。足球运动是一项集体性、竞技性的运动，而这两大特点恰恰能够培养大学生的科学思维方式和创造力。第一，足球运动作为一项集体性运动，运动场地广阔、团队配合性强，这就要求参与者必须不断思考、判断整个足球赛场上整体与部分之间、各要素之间的必然和偶然、相对和绝对、局部和整体之间的关系，大学生通过足球运动和训练，可以在头脑中形成整体、普遍联系和发展的科学观念。第二，足球运动的技巧性和竞技性都大大增加了高水平足球运动对参与者创造性的要求，在 22 人进行对抗的赛场上，如何"排兵布阵""调兵遣将"，如何控场、传球、过人、突破，掌握赛场的节奏和主动权，不仅需要高超的运动技巧，还需要有对足球运动规律的深刻理解和战略战术的奇思妙想，这就需要大学生充分发挥自己的聪明才智，从而提升其创造性。

（三）培养大学生的道德情操

高尚的道德情操是指人们有了良好的修养后，对某一事物表现出或做出有价值、有意义、有品德的某种认识和行为。作为"新时代"的大学生，培养高尚的道德情操不仅是确保大学生成人成才的重要保障，也是大学生赢得未来人生发展的基础。在高校中接受足球运动教育，对培养大学生的道德情操具有重要作用。第一，尊重规则。中国传统社会是非常注重"人情"的社会，公共规则常常让位于人际关系，受此影响，很多大学生也表现出规则意识薄弱，重视搞人际关系的错误价值观。足球运动是一项规则严格的运动，在进行足球比赛的过程中，参与者必须严格遵守运动规则，否则就将受到惩罚，甚至取消比赛资格，这就会让大学生树立尊重规则、遵守规则的意识。第二，足球运动是一项集体性运动，需要不同位置的队员各司其职，协同配合，如果队员中有个人主义、英雄主义思想，只想当"红花"，不愿做"绿叶"，是难以取得比赛胜利的，这就能够培养大学生的集体主义精神和协同配合意识。

二、发挥足球运动在高校体育教学与训练中作用的策略

（一）注重培养大学生的足球运动兴趣

人们常说"兴趣是最好的教师"，这句话也适用于足球运动教学。当大学生对足球运动拥有了强烈的兴趣时，不仅能够让体育课堂教学事半功倍，也有利于大学生课后积极参与足球运动，进而从整体上提高体育教学的成效，因此，要发挥出足球运动在高校体育教学与训练中的作用，体育教师就要把培养大学生的足球运动兴趣摆在突出位置。第一，体育教师在课堂教学中要更新教学理念，转变自身角色，摒弃以往以教师为中心的课堂教学方式，充分尊重学生在课堂教学中的主体地位，围绕大学生的身心发展特点和个性特征来组织教学活动；第二，体育教师要善于运用游戏教学法，通过丰富多彩、灵活多样的游戏来增强足球教学的趣味性，让大学生在轻松快乐的课堂氛围中体会足球运动的魅力，从而喜欢上足球运动。

（二）在足球运动教学中渗透人文教育

相比其他体育运动类型，足球运动之所以在高校体育教学与训练中拥有更加重要的地位，除了其运动形式以外，更关键的是因为其便于体现更多的人文教育元素，有利于彰显人文教育在体育运动教学中的意义和价值，达到促进大学生全面发展的目的。因此，高校体育教师在进行足球运动教学时，就要高度重视人文教育的渗透，最大化足球运动教学的教育功能。第一，体育教师在课堂教学过程中，要避免一味地讲授足球运动知识、训练足球运动技能，而要随时随地地把遵守规则、奋进拼搏、协同配合、自我突破、集体主义等精神理念融入各个课堂教学环节之中，让大学生在潜移默化中提高自身的综合素质；第二，体育教师要注重与大学生建立平等、民主、和谐的师生关系，及时解答他们在足球运动中遇到的问题和困惑，当大学生在足球竞技对抗中遇到不良心理和思想倾向时要给予疏解和指导。

（三）善于应用信息化教学手段

21世纪以来，以电子技术和通信技术为代表的信息技术渗入社会生产和民众生活的方方面面，也给教育领域带来了巨大变革。高校体育教师应当顺应时代的发展，积极主动地将信息技术应用于日常足球运动的教学之中，增强足球运动课堂教学的丰富性，同时，让教学更贴近大学生生活，增强足球运动对大学生的影响力。第一，教师要熟练掌握电脑、多媒体、投影仪、互联网的使用方法，并能将这些技术恰当运用在足球运动教学之中；第二，教师要多运用移动社交软件等新兴交流沟通工具，加强与学生的交流互动，运用碎片化的教学手段，让大学生在潜移默化之中学习足球运动知识，培养学生对足球运动的兴趣。

搞好高校足球运动教学，不仅仅能促进大学生的身心健康发展，还有利于提升大学生的综合素质，促进其全面发展。高校体育教师应当以高度的责任感，不断创新教学方法，丰富教学手段，开创高校足球运动教育的新局面。

第二节　大学体育游戏在排球教学与训练中的应用

排球运动是从游戏中逐渐演变而来的，如今排球项目已经成为大学体育中重要的组成部分，受到很多学生的欢迎。体育教育的落脚点是增强学生的身体健康素质，体育教育中的游戏过程更多地关注游戏本身的趣味性和娱乐性。在开展排球教学训练活动时，如果依然采用原本传统落后的，只需要体育教师为学生口述排球有关的基本技能和比赛规则的教学方法，只会让学生被动地接受排球知识，从而对排球的教学产生排斥，毫无疑问，这样会极大地影响整个课堂的教学效率，下面便对排球教学训练中体育游戏的合理应用进行进一步分析。

一、现阶段排球教学过程中存在的问题

排球运动作为最为知名的几大体育项目之一，其观赏性强，互动比较频繁，很适合学校在这一阶段进行此类体育教育。然而与教学初衷相违背的是，现有的排球教学中，往往只有一些对排球动作机械地重复训练，这导致了学生对排球运动的排斥。现有的排球课堂教学还处于教师进行理论讲解和动作示范，学

生单方面接受教学的教学模式,这种教学方式很难避免教师生搬教材、学生重复练习等问题。另外,现在的学生并非对排球知识一无所知,因此,教师在教学过程中应该针对学生的一些动作问题、排球运动意识进行简单干练的指导,这种指导既要言简意赅也要直击重点,从而提高教学本身的效率。另外,当学生产生失误的时候,教师应该因势利导地指导学生正确的动作方式,尽量避免情绪化教学,而是应立足于树立学生对排球的学习兴趣和学习信心,以此提高学生的学习效率。

二、大学体育游戏在排球技术教学中的应用

（一）大学体育游戏能促进教学方式的灵活性

大学生排球学习避免不了理论的教学,但是单纯的理论学习难免会导致整个学习氛围枯燥僵硬,因此,将体育游戏引入排球教学是教学任务中较为重要的一个环节。目前的教学方式十分单调乏味,仅仅是教师的单向教学以及学生的被动学习,这种教学方式严重影响学生的排球学习的积极性。因此,在大学排球教育中引入体育游戏是一个十分明智的教学决定。同时,引入体育游戏不仅需要严格按照教学目标和教学计划,还需要传递足够的排球知识及保持足够的游戏氛围。因此,排球教学过程中的体育游戏需要根据不同的教学阶段及教学内容,确定最为合适的游戏内容,以此来实现提高教学效果的目的。

（二）大学体育游戏能促进启发学生思维

体育游戏在排球教学中的作用十分全面,不仅仅能提高学生的学习积极性和调节课堂氛围,同时,还能提高学生对排球运动的个人理解,这种对体育运动的理解也正是体育教学的最终目标之一。引入体育游戏到排球教学中可以提高这种运动理解,理论上称为"排球智商"。"排球智商"具体来说就是排球运动中的场上执行能力、临机应变能力以及场上的组织能力。"排球智商"的培养一直是排球教学中的难点,而体育游戏的引入就可以通过游戏的方式,通过各种团体游戏来培养学生的临场观察能力、团队协作能力以及一定程度上的运动能力,从而实现提高"排球智商"的效果。

（三）大学体育游戏能够提升学生对排球比赛的能力

在我国的排球教学课堂中,常见的教学方法还是以往传统落后的教学方法,教学中没有将排球的竞技性完美表现出来,排球运动只有采用比赛的形式才可

以保证让学生体会到排球竞争乐趣，这样一来学生学习排球的积极性就会得到很大的提高（例如，垫球比赛，将学生平均分为三队，同时在排球底线列队站好，教师喊开始之后，队列最前面的同学使用双手自垫球向前移动，穿越网到对区底线再自垫回来交给下一个同学，下一个同学接过球继续垫球前行，每个队伍依次进行，完成最快的队伍获得胜利；传球比赛，排球场两边分三组隔网站好，一对一地隔网传递排球，第一个人传完球之后排到本队伍的最后面，在前面的人按照顺序进行传球，同时传球时排球不能落地，只能用双手传球得分）。大学体育游戏能够培养学生的合作意识和组织能力，还为学生创造一个交流平台，从而完成教学任务并提高排球教学效率。

三、排球教学融入大学体育游戏时应注意的问题

（一）针对性科学地选用大学体育游戏

大学体育游戏与排球教学训练两者拥有越来越多的交集，在教学实践中，选择与排球教学内容合适的体育游戏，一定要根据学生的自身情况确定，也一定要保证选取的体育游戏与教学内容一致，因为选择的体育游戏要对排球教学内容发挥辅助作用，按照不同教学内容、不同教学阶段选择相应的大学体育游戏，进而将大学体育游戏与排球教学完美融合。体育游戏的运动量也十分关键，既不能简简单单地热身，也不能运动量过大导致学生的体能损耗过大，因此对体育游戏的选择也需要教师细细斟酌。

（二）提高教师对大学体育游戏的认知水平

教师对大学体育游戏的认知水平同样关键，如何将体育游戏真正融入课堂就取决于教师对体育游戏本身的理解。例如，在排球教学过程中教师对排球的动作标准、详细规则、排球素养的认知本身就需要十分深入，这样才能让学生以最大的效率接收最为完整系统的运动知识，再通过排球游戏的趣味性激发学生进一步了解排球运动的兴趣，最终实现排球课堂的预期效果。

（三）科学地组织大学体育游戏

在排球教学中引进大学体育游戏的主要目的便是确保排球教学的高质量，培养学生学习排球的积极性和主动性。为了保证大学体育游戏在排球教学中发挥出辅助效果，教师需要因势利导，对不同身体素质、不同学业任务的学生开

展不同的体育游戏，一方面，能够最大限度地提高学生的运动素养；另一方面，也将各种弊端降至最小。

在排球教学训练中引进大学体育游戏可以最大限度地激发大学体育游戏对排球教学的辅助效果，在排球教学中教师必须根据每个阶段的各自特点，选择最佳的大学体育游戏培养学生学习排球的兴趣。同时，要改变原本的传统落后的教学模式，运用大学体育游戏激发学生学习排球的兴趣。通过排球游戏来活跃课堂氛围，补充原有的教学任务，也可以加强学生的思维逻辑能力，从而全面提高学生对排球比赛的专业能力。

第三节 素质拓展训练在高校体育教学中的应用

素质拓展训练起源于欧洲国家，它们将户外场地作为训练的主要场所。在这一过程中，可以采用典型活动、趣味化活动，为参与活动人员提供更加优越的亲身体验，实现提高身体素质、心理素质的目的。另外，素质拓展训练便于学生发现自身的潜能，强化其团队意识、综合素质。因此，高校体育教学应该加大对素质拓展训练的重视，实现对学生综合素质的提升，践行新课程改革对素质教育的要求。

一、素质拓展训练在高校体育教学中的应用意义

在当前的体育教学中，融入素质拓展训练具有多方面的作用。具体而言，主要表现在以下几个方面：优化体育教学的模式。开展素质拓展训练，需要将学生的需求作为核心，制订相应的教学计划、方案，从而不断提高教学质量。因此，可以从根本上彰显学生的主体地位，符合新课程改革的理念、要求，便于对传统的体育教学模式进行优化，提高学生体育方面的核心素养；促进学生的全面发展。高校的体育教学中，素质拓展训练以学生全面发展、职业能力等方面的需求为核心。因此，教师需要根据岗位的实际情况，对教学方案进行针对性设计，以此来为其他学科的教学服务，实现企业岗位、体育教学之间的衔接。不仅如此，高校体育教学中融入素质拓展训练还有利于培养学生的就业观、世界观、价值观等，为学生的稳定发展夯实基础。

二、素质拓展训练在高校体育教学中的应用现状

在高校的体育教学中，虽然已经将素质拓展训练应用在其中，但是因为多方面因素的影响，教学效果并不理想。其中，素质拓展训练在高校体育教学中的应用现状主要包含以下几点：课程体系不完善。由于缺乏素质拓展训练方面的经验，教师无法合理设计课程的内容，同时评价方式不能得到有效的调整。因此，现行的课程体系并不能为教学提供依据。身心素质训练不科学。素质拓展训练不仅仅包含单一的身体素质，或者单一的心理素质。但是，因为素质拓展训练的体系不健全，导致体育教学存在片面性，无法对学生的身心素质进行综合培养。拓展训练的方式传统。在体育教学中，拓展训练通常由教师组织学生进行野外活动，这种方式十分传统，并不能充分调动学生的积极性，影响了素质拓展训练的有效性。缺乏安全教育。对素质拓展训练而言，安全教育是其中重点内容之一，直接影响着学生对安全的认识。但是诸多体育教师忽视安全教育，增加了素质拓展训练期间的风险。

三、素质拓展训练在高校体育教学中的应用路径

（一）积极完善素质拓展训练的课程体系

对素质拓展训练而言，其教学方式多种多样。因此，教师在安排课程内容的过程中，应该尽可能围绕学生的兴趣，增强教学内容的多元化程度。为了实现这一目标，教师必须对素质拓展训练的课程体系进行完善。例如，对体育教学中素质拓展课程进行合理的分类，即团队协作类、人际沟通类、个人挑战类等。基于此，教师可以结合课程的进度，选择不同的拓展训练类型，然后对教学内容进行合理的确定。同时，教师还能够结合课程的分类，明确每一次课程的教学目标，从而有目的地进行教学，推动课程顺利进行。采用此种方式进行教学，可以培养大学生在沟通、合作等方面的行为，强化学生的自信心，为学生的综合发展铺平道路。简言之，在开展素质拓展训练的过程中，对课程体系进行完善不仅是顺应新课程改革的重要举措，更能为学生提供因地制宜、因材施教的教学与训练。

（二）重视对大学生的身体素质进行训练

从素质拓展训练的表面进行分析，增强学生的身体素质是主要的目标之一。只有这样，才能够更好地迎接学习、工作中的挑战。同时，还能够引导学生形成健康锻炼、终身锻炼的意识与良好习惯。为了实现身体素质训练的目的，教师应该综合考虑学生身体素质方面的差异，制订科学有效的拓展训练计划。例如，对身体素质相对较差的学生而言，教师应该践行循序渐进的原则，并为学生营造一种和谐的情景氛围。采用此种方式，可以避免学生出现厌学的不良心理，正确面对拓展训练的压力，从而不断提升体育教学的效果。另外，教师还可以利用团队协作类的教学内容，鼓励学生之间互帮互助，采用"帮扶制"进行教学，避免出现学生掉队的现象。

（三）积极对大学生的心理素质进行锻炼

心理素质训练是体育教学中素质拓展训练的主要内容，更是身心素质的关键构成部分。因此，教师在重视身体素质训练的过程中，还应该加大对心理素质教学的重视。在这一过程中，教师应该对学生继续进行心理诊断，然后采用素质拓展训练的方式解决学生的心理问题。例如，对于学生自卑、自我怀疑等不健康的心理，教师可以采用示范、开导的方式进行处理，并结合学生的能力设置训练内容，从而增强其自信心。另外，教师还应该对学生的自我调节能力进行培养，即对身心状态进行培养。同时，还应该对学生的心理变化规律进行分析、掌握，并对学生进行心理方面的干预。例如，引导学生进行表象训练、调整呼吸、渐进肌肉放松、自我暗示、模拟训练等，增强学生心态的稳定性。

（四）通过赛事的方式实现素质拓展训练

传统的户外拓展训练方式，虽然可以实现简单的教学目标，但如果一直采用此种方式，将会影响学生的积极性。对此，教师可以定期举办与素质拓展训练相关的赛事，为学生提供发展、展现自身特长的空间。基于此，不仅能够实现对传统教学方式的创新，还能够对教学资源的不足进行弥补，进一步提高学生的综合素质。另外，由于学生个体之间的差异十分明显，可通过赛事使学生认识到自身的优势、不足，意识到取长补短的重要性。不仅如此，通过赛事也可以强化学生的责任意识、团结精神、合作能力，从而促进学生全面发展。因此，教师必须加大对赛事的重视，深化素质拓展训练的重要意义，为学生的稳定发展提供基本保障，增强高校体育课程教学的质量、效率。

（五）素质拓展训练需要融入安全教育

在体育教学中融入素质拓展训练内容，需要教师加大对安全教育的重视，从而对学生的思想意识产生潜移默化的影响。具体而言，教师可以在素质拓展训练的过程中，做好安全隐患、训练形式、训练时间等要素的管理。在正式进行拓展训练之前，保证学生明确掌握本次课程的内容、目标及训练要求，然后依据课程的规范要求进行训练。采用此种方式，可以对学生的秩序意识、纪律意识进行强化。在诸多大学生中，存在部分寻求刺激感的学生，教师必须加大对这一类学生的关注，积极做好危险动作、风险等方面的安全教育，引导学生在训练中可以实现自我保护。由此可以发现，在素质拓展训练期间，对学生进行安全教育具有较强的必要性，与课程的质量与效率、学生的身体安全有着紧密关系。

综上所述，素质拓展训练在高校体育教学中的应用有着多方面的意义，需要得到高校的重视。但是当前的素质拓展训练并没有达到理想效果。所以高校必须结合学生的特点、体育教学的实际等，对素质拓展训练的教学方式进行调整、优化，丰富日常体育教学的形式，从而不断激发学生的兴趣，调动其日常学习、训练的主观能动性。长此以往，便可以彰显素质拓展训练的作用，为学生日后的综合发展铺平道路。

第四节　表象训练法在高校体育舞蹈教学中的应用

高校体育舞蹈是一种创新型、高效用的体育活动。近年来，高校体育舞蹈教学各项机制的持续不断完善使得高校体育教师开始重视体育舞蹈教学的重要性。在这种严峻的教学环境下，很多高校体育舞蹈教师都感到很大的压力和挑战，使得高校体育教师不得不以一种与时俱进的心态积极创造更多创新型、高效用的教学方法。高校体育教学各项机制的持续不断完善使得高校体育舞蹈教学方式逐渐向多样化方向发展。在高校体育舞蹈教学中使用表象训练法在某种程度上能够提升广大学生的综合审美水平，加深学生之间的交流和友谊。这使得广大学生能够深入体会体育舞蹈带来的各种乐趣，另外，在某种程度上还能够把高校体育舞蹈中的服饰美与动作美表现出来。

一、高校体育舞蹈教学的必要性

高校体育舞蹈在某种程度上不仅能够有效提升学生的身体与心理素质水平，还能够让学生身心得到放松。高校体育舞蹈在一定程度上还能够起到良好的减肥作用，使学生能够健康成长。社会经济的持续不断快速发展使得各行各业之间的竞争越来越激烈，很多高校整体就业压力也越来越大，这就给高校体育教师带来了很大压力和挑战，让他们不得不以一种与时俱进的心态积极创造更多创新型、高效用的训练方法，使得学生身体能得到放松。其中，体育舞蹈就是一种不错的选择。从长远角度分析，体育舞蹈也是国家与种族之间进行有效交流的重要方式，尤其是在不稳定的国际局势动荡中，体育舞蹈比赛更是一种非常重要的政治外交。

二、表象训练法的教学优势

表象训练法是一种创新型、高效用的教学方法。近年来，随着高校体育舞蹈教学各项发展机制的持续不断完善，越来越多的人开始重视表象训练法的应用。表象训练法通常是对自己在脑海中形成的各种运动进行科学、合理的整理与创造，使得高校体育教师做的各项体育舞蹈动作能够在学生脑海里反复出现。学生在进行舞蹈训练过程中高校体育教师应该对学生的各项舞蹈动作进行及时指导，从而让学生对舞蹈有一个深入、全面的认识，只有对舞蹈有了深刻的认识，学生才能够更好地去练习舞蹈，从而提升广大学生的气质水平。与此同时，表象训练法在某种程度上还具有巩固记忆的效果，在练习完舞蹈之后学生脑海中会浮现出各种标准、规范的舞蹈动作。另外，学生还应该对各种细节和技巧进行全面分析，只有这样才能够进一步加深对舞蹈动作的各种印象，使得广大学生舞蹈动作整体处于一种流畅性。除此之外，表象训练法在某种程度上还能够进一步推动舞蹈动作的创新。通常情况下，学生在练习舞蹈过程中都会对各种舞蹈动作进行认真模仿，在练习过程中会逐步学习更多舞蹈方面的知识。当然，在舞蹈练习过程中教师也发挥着举足轻重的重要作用，在练习舞蹈过程中伴随着各种动作的熟练，广大学生也会对舞蹈产生更多新的认识，通过舞蹈练习过程中的日常总结能够在短时间内完成各项舞蹈动作的创新。并且在某种程度上有效培养广大学生的整体感官与感悟能力水平，让学生能够对舞蹈动作有一个更加深刻的印象，从而更好地去锻炼身体。

三、表象训练法在高校体育舞蹈教学中的应用

（一）舞蹈方法设计

1.掌握动作

高校体育舞蹈教学是一项纷繁复杂的综合性工作。教师教学时要综合其他各方面因素去考虑和分析，通过科学、合理的方法来提升广大学生的舞蹈水平。在教学过程中常常发现很多学生对舞蹈动作并不是非常熟悉，教师要深入了解每个学生学习舞蹈的特点，给学生播放与舞蹈相关的各种录像，让更多学生对舞蹈动作有深入、全面的认识。学生练习舞蹈底子有很大差异，对舞蹈动作不规范的学生教师可以亲自做示范，详细说明动作重点，有效规范学生的动作。此外，教师还应该合理安排学生进行合作学习，通过对练让更多学生意识到自己的不足，然后改正。观看舞蹈录像能够让学生对舞蹈有更加直观深入的认识，对各种动作学习有所帮助。

2.提升动作

教师应全面、深入地了解各种动作，并传授给学生，广大学生了解各种动作后才会产生兴趣，会更主动地学习，提升动作质量和整个舞蹈的流畅性与熟练程度。同时，要让学生自己在脑海中对各种舞蹈动作进行全面分析，加深印象。此外，还要提升学生间的配合与默契。

（二）表象训练法的实施

1.掌握音乐节奏

音乐和舞蹈两者之间的联系非常密切。单纯的舞蹈不易激发学生学习的兴趣，其积极性和主动性会下降很多。教师可通过播放音乐的方式来让更多学生对舞蹈练习产生节奏感。

2.教师间接指导

在教学过程中，舞蹈教师扮演着非常重要的角色，其指导能够帮助学生解决各种问题。探戈舞蹈是双人舞蹈，节奏大概是2/4节拍，整体顿挫感非常强。在教学过程中要播放与此相关的音乐，只有具备音乐节奏感的舞蹈才能够激发广大学生学习的积极性和主动性。学生跟随着节奏感做各项交叉、踢腿与跳跃，各项动作才能够做到位，整个舞蹈动作节奏感会更加流畅。让身体和整个音乐

充分结合，把舞蹈的价值充分体现出来。让学生对舞蹈产生更深刻的认识，在短时间内完成各种舞蹈动作。

（三）高校舞蹈教学实例

以狐步舞蹈教学为例。在教学过程中，高校舞蹈教师应让更多学生意识到狐步舞蹈是一种流动感非常强的舞蹈，对舞步的衔接要求非常高。每个舞步衔接都要圆润流利，舞蹈步子也要合理，中间最好不要有停顿。在跳舞过程中脚步也要更加灵活，脚步每个位置的摆放、技巧、倾斜与反身动作都要熟练掌握。这种舞蹈一般都会被应用到很多结婚典礼或者其他重要的社交场合当中，稳定的舞蹈技巧在某种程度上能够让学生产生浓厚的兴趣。除此之外，舞伴也是非常重要的。脚步要轻轻刷过地面，一定不要太重，以免给舞伴带来压力，让舞伴跟不上节奏。狐步舞和探戈舞两者之间存在很大差异，狐步舞一般情况下不需要进行交叉，整个倾斜度也应处于正确位置，如果过分倾斜在某种程度上将会摔倒，倾斜不到位的话舞蹈就会显得不美观，因此，学习舞蹈的广大学生一定要记住舞蹈的各项要点，只有这样才能够在短时间内掌握各种舞蹈要点。

高校舞蹈教学过程中的表象训练法是一种比较常用的教学方法。近些年来，高校体育舞蹈各项发展机制的持续不断完善，使越来越多人开始关注和重视高校体育舞蹈的重要意义。正确地使用高校表象训练法在某种程度上能够提升广大学生日常生活水平，使广大学生身心发展处于一种健康状态当中。与此同时，在某种程度上还能够促进广大学生身心全面发展，只有这样才能够有效提升每个人的表象发展水平。

第五节　循环训练在高校体育教学中的应用

循环训练是体育教学中的一种新型教学方法，不仅可以让学生有效提升自身身体素质，还能够让教师提升教学水平。相比以往的体育教学方法，循环训练方法可以让学生循环渐进地进行体育训练，与学生自身需求也极为相符，以此提升体育教学质量。

一、循环训练在高校体育教学中的作用

（一）提升学生综合能力

高校在开展循环训练教学的同时应着重培养学生的身体状态，让学生能够有一个好的身体素质是保障体育教学的基础，更是提升学生体育水平和体育能力的重要基础。在体育教学开展的过程中，教师可通过循环训练的方式来保障学生身体各项机能的运转，以此提升学生的免疫能力和抵抗能力。对体育教学来说，它能够提升学生的综合素质，更是学生成长的重要部分。因此，学生身体素质的提升在某种程度上也提升了学生的综合能力。

（二）激发学生学习兴趣

循环训练方法在体育教学中具有独特性、有效性、灵活性的特征。因此，高校开展体育教学时循环训练法得到了教师的喜爱与应用。教师应用循环训练法不仅能够提升学生的学习兴趣，还能够让学生积极地进行体育训练，让学生能够主动参与到体育教学活动当中，以此提升学生的综合能力和训练水平。循环训练对我国体育教学来说还是一种新型的教学方法，处于初步应用阶段，但其中具有非常大的训练价值和应用优势，对帮助学生练习体育技能、提升学习兴趣、丰富学习内容具有非常重要的作用。其中，新颖的教学方法与学生学习兴趣极为相符，能够确保学生在兴趣的带领下认真训练。就体育运动中的田径运动来看，由于运动员每日训练消耗量过大，若不具备良好的力量素质，那么对运动员日后的比赛一定会产生一些影响。因此，可以使用循环训练方法来完善田径运动，让学生的训练更具有持久性。在素质教育的背景下，高校应积极培养学生的综合能力，不仅需要提升学生的文化知识水平，更应该着重提升学生的综合能力，以此实现人才培养的发展目标。

二、循环训练在高校体育教学中的应用策略和原则

（一）提升学生综合能力

循环训练教学与其他教学方法有所不同，可以由教师自主设定程度，让学生在符合较大的运动训练中培养学生的意志力和忍耐力。长此以往，学生必将激发出身体内的各种潜能，由此提高学生的综合能力。需要注意的是，循环训

练法教学开展必须由易到难，在教学初期需要学生不间断地进行训练，不能规定学生的训练时间。在教学中期需要连续进行训练，但教师可以限定学生的训练时间，让学生在训练时具有紧迫感。在教学后期教师需要增大学生的训练难度，让学生不仅需要紧迫地完成任务，更要保障训练质量能够达标。

（二）做好教学设计准备

教师在循环训练法的教学过程中可以让学生根据程序进行训练，在每一个环节中都能够休息一段时间。这种循环训练方式可以帮助学生进行反复训练，虽然间歇时间较长，但对提升学生速度、耐力、力量却极为有效。还有一种运动强度较高的训练方法：学生在训练环节中减少重复次数，由于运用强度较高，休息的时间也较长，但对提升学生综合能力却十分有效。这种新型教学模式在极大程度上帮助学生完善自身体能训练，让学生身体的各项素质都能得到有效发挥。另外，体育教学开展循环训练方法需要提前做好教学设计准备，明确学生的训练内容和训练路线，让教师在清晰的教学目标下充分了解学生当前的学习情况和学习需求。一般来说，学生的体育基础训练应将学生的身体特点放在教学的首要位置，同时通过上臂训练、肩部训练、背部训练、腹部训练、腿部训练来达到综合能力提升的目标。

综上所述，高校在开展体育教学时，需要运用科学有效的教学方法进行体育训练，体育教师和领导人员对此要加以重视，在体育教学中贯彻融入循环训练方法，以此提升学生的身体素质和综合体育水平，从而提升教学效率。

第六节　分层优化教学在高校体育训练中的应用

高校是培养学生进行全面发展的一个重要教学场所，受我国传统应试教学思路的影响，一些学生在中学阶段背负了较大的学习压力，进而忽视了体育方面的训练，在高校开展高质量的体育教学引导，其意义尤为重要。在调查中发现，在传统的体育教学过程中，教师所采取的主要是"一刀切"式的教学方法，对于我国现阶段的体育教学要求，难以满足，所以改善传统教学思路，在高校体育课堂上引入分层优化的训练措施，对于高校体育教学质量的提升大有裨益，这一点，无论是一线教职人员，还是高校管理人员，都应该给予相应的重视。

一、分层优化教学的相关概念

分层优化教学内容，主要是指教师在教学过程中，根据学生现有的能力水平、发展潜力，对其进行科学化的划分，在课堂上形成各自水平接近的练习群体，并在教学过程中给予有针对的对待，这些群体可以在教师恰当的分层策略中，得到有效的发展与提升。在调查中发现，这种教学方法的应用，主要是根据学生的实际学习表现，以及在以往测验中取得的成绩，来划分成不同水平的班组的，教师根据各个班组的实际训练水平，对其展开引导性的教学。在高校体育训练的过程中，教师除了要对学生的身体素质及体育知识的掌握技能进行了解外，还应该将学生分成若干训练小组，并在课堂上对其展开具有针对性的教学引导，切实提升学生的整体运动素质。

二、在高校体育训练中实施分层优化教学的必要性

在体育课堂上，教学内容对于学生身体素质有着比较严格的要求，且不同运动项目对学员的身体形态要求也有所不同。传统的训练方法，教师只是按照统一的教案，采取相同的教学内容，尽管能够完成高校体育教学任务，但是也会导致一些身体素质好、掌握技术动作快的学生对授课内容的积极性不是很大，还有那些身体素质较差、掌握技术动作慢的学生，可能会觉得训练内容过于复杂，进而对体育训练产生厌倦的情绪，这种情况会进一步恶化学生间两极分化的问题。

分层优化的教学内容，是在满足高校体育教学大纲以及相关技术要求的基础上，针对大学生个体间的差异性，形成的一种多元化的教学模式。这种教学手段主要从学生的实际情况出发，并在训练设计、训练内容和训练目标上，构成了层层递进的教学思路，帮助学生达到了预期的训练目标。

三、在高校体育训练中应用分层优化教学时需要避开的误区

（一）忽略课程总体目标

在高校体育教学训练的过程中，课程总体目标不仅仅是引导学生体育训练的主要依据，同时也是整个体育训练的关键点，对课程总体目标熟练地掌握，

并划分出相应的训练层次，是开展分层优化教学的基础。所以不同层次的划分，要将总体目标设定为关键基础，根据学生的不同特点，来划分出不同的层次。但在调查中发现，部分高校体育教师，对于分层优化教学的理解过于表面化，忽视了课程总体教学目标所发挥的作用，导致分层目标与总体目标产生了出入与冲突，这对整体训练效果的提升极为不利。

（二）忽视学生个体差异

在高校体育训练过程中，学生是教学主体，对学生的实际状况进行详细的掌握，是教师需要做的一项重要内容。但是在实际了解中发现，教师可能对学生参与体育训练的关键性信息进行了掌握，但对年龄、体智水平和性格爱好等内容，却缺乏深入的了解，这就导致教师在组织分层教学设计时，对学生的实际学习表现未能展开更为深入的分析。所以要想使分层优化教学措施得到更为有效的作用，教师还应该对学生的不同特点，在训练进度、训练层次上，展开具有针对性的划分，使教学质量上一个台阶。

（三）训练层次划分混乱

在训练层次的划分上，教师尤其需要重视划分的内容性，不能一味地按照主观化的教学意识，这样很可能会导致整个训练层次的划分出现混乱的状况。在划分上，要将其作为提升整体训练效果的一种手段，并不是在班内对学生进行优劣区分，对于各个层次的学生，教师都应该做到一视同仁；还有在进行分层优化训练的过程中，教师要对各个学生的长短处、优缺点进行深入的掌握，帮助每一位学生找到其进步的空间，使其朝着更为综合化、纵向化的方向发展，并且使各个层次之间具有衔接性。

四、在高校体育训练中实施分层优化教学的原则

（一）区别对待的原则

区别对待的教学原则，不仅仅是分层优化训练的教学实践基础，同时也是执行分层优化训练的基本原则。针对不同学生，教师要设计出不同的训练方法，并且针对不同学生对同一内容所产生的不同理解，以及不同训练环境会对学生带来的不同影响，教师都应该给予重视，使教与学的内容达到高度统一，令每个学生都能够获得相应的满足感与成就感，确保训练效果的最大化。

（二）循序渐进的原则

循序渐进的教学原则，主要是根据学生的身体、心理机能等方面的变化规律，做出相应的教学引导。在施行分层优化教学策略时，教师需要投入相应的精力与时间，结合学生的实际情况，对课程进行安排，采取由简到繁、由易到难的教学原则，并尽可能衔接前后知识点。与此同时，考虑到课程与课程之间具有相互连接的特点，教师还应该帮助学生在掌握动作技能后，进行相应的知识迁移。

五、在高校体育教学训练中实施分层优化的具体措施

（一）根据学生间的差异进行合理分层

在高校体育教学训练过程中，要想使分层优化措施发挥出相应的作用，教师首先需要根据学生的能力、性格、身体素质及对技术的理解能力，将班级内的学生，分为不同层次的训练群体，并且在完成分层后，教师还应该对各个层次的学生，展开详细的了解与分析，做好记录工作，面向差异来进行合理化的教学。

（二）按照不同训练阶段优化目标分层

优化训练阶段的内容，是实现课程效果的指路灯，同时也是新课程体系对课程设计所提出的相关要求。根据不同训练阶段，优化目标分层工作，可以让学生通过自己的努力，获得成功的满足感，进而使那些综合能力较弱的学生取得进步，使那些综合能力较强的学生变得更强。

（三）在训练中设计多角度的学习评价

在体育训练过程中，学习评价仍旧是一项不可或缺的内容，体育训练过程的本质性，主要包含认知与实践这两个方面的内容，所以在训练过程中，学生的学习态度、情意表现等与训练目标的要求是否贴切，也是新课程改革背景下教师需要注意的一些评价性问题。在具体实施的过程中，可以从多角度、多元化的方向入手，对分层优化训练的重要环节给予相应的重视。

总之，在高校体育训练教学过程中，对于分层优化教学手段，教师不妨结合学生的实际学习表现，做出切实的教学引导，深化学生的实际学习能力，为高校体育教育质量的发展做出相应的贡献。

第七节 户外运动训练在高校体育教学中的应用

具有很强趣味性的户外运动训练是对高校学生的一项挑战，其课程设计内容多，包含野外、水上等训练形式。跳水、游泳、划艇等是水上训练的内容，户外生存技能、登山攀岩等是野外训练的内容，高架绳网等是场地训练的内容。本节主要针对在高校体育教学中开展户外运动训练的应用进行探究。

一、户外运动训练在高校体育教学中开展的意义

户外运动训练的开展紧密连接了学校与自然，不仅达到强身健体的作用，很多精神丰富的运动项目还使学生的社交能力和竞争意识得到良好的培养，增强了学生对困难挑战的信心。学生可以参与到集体活动中，增加与大自然的接触时间，与同学的相互帮助增强了团队意识，使沟通协调能力提升。在变化状态的自然环境中，学生的灵敏性得到培养，既可以在户外实践中对已有装备灵活运用，又能避免伤害事故。

二、高校体育教学实施户外运动训练的策略

（一）加强户外训练的师资建设

对学生来说，户外运动训练是一项十分重要的考验，为了取得良好的训练效果，必须将专业的师资队伍建设进行加强。体育教师应当根据户外运动训练课程的内容进行合理设计，通过自身具备的教学实施能力以身作则为学生示范。由于当前多数高校体育教师没有充足的户外运动训练经验，对训练的了解也不够，因此，必须集中培训教师。体育教师应当将基本的理论知识、项目内容、训练过程了解掌握，结合学生特点，将户外运动训练与体育教学结合，确保学生能够得到真正的锻炼并使训练顺利开展。

（二）因地制宜对户外运动形式进行合理选择

体育教师应当根据高校学生的运动兴趣，在正式开展户外运动训练前，向学生介绍相关的知识，使其能够掌握户外运动的基本技能。之后可以根据现有的体育条件，因地制宜对户外运动的形式进行合理选择，使学生以轻松的心情

投入户外运动中。体育教师应当将户外运动的各种训练知识向学生进行详细讲解，使其掌握相关的技能，了解注意事项，保证户外运动训练的安全性。同时，高校应当对学生群体的情况进行深入调查，掌握学生对户外运动训练的认知与认可程度，结合实际情况提升相关课程的针对性，使学生了解进行户外运动的重要性和意义，从而积极参与到训练当中。

（三）教学方式的合理采用

体育教师在户外运动训练的理论教学过程中，可以利用现代信息技术，以视频的形式将户外运动的流程向学生展示，或是将枯燥单一的理论学习转为师生讨论，使教学方式更加生动有趣，或是通过信息技术将定向越野比赛、公开赛等户外运动赛事给学生播放并为其进行详细解说，使学生对理论知识有更深的理解。同时，可以让学生结合自身的兴趣爱好与身体素质，对户外运动的训练项目自行选择，通过学习将体育知识、技能与活动掌握，使训练过程变得更具科学性与针对性。另外，高校之间可以将合作力度加强，不同院校之间可以联合开展户外运动训练的组织活动，共同研究教学课程，学校之间还可以开展活动竞赛，使学生的户外运动训练内容更加丰富。

（四）户外运动训练的安全管理

由于户外运动具有探险性和刺激性，学生进行训练时会面临很多危险因素，因此，必须对训练过程中的安全问题提高警惕，避免发生意外。对训练项目进行设计时，应当将可能存在的安全隐患综合考虑，具有复杂地貌的训练地点不可以选择。体育教师将踩点工作提前做好，并认真开展安全检查，掌握训练中易出现危险的地方。进行训练之前体育教师要提醒学生注意安全，在训练阶段加强监督管理工作。高校根据这些特点可以专门设置管理机构，为使训练能够有序开展实行一级管理体制。

（五）训练经费的保障

虽然户外运动训练的开展所需资金不多，但是高校依然应当根据训练项目和使用器材投入必要的启动资金。对于户外场地项目，具备条件的学校可以拓展水上和野外项目，确定项目后采购相应的训练器材。在不影响教学的情况下，可以对外开放训练基地，不仅可以为群众提供服务，还可以回收投入资金，为今后开展户外运动训练所需资金提供保障。

综上所述，在高校体育教学中实施户外运动训练，对学生全面发展和改革创新体育课程体系极为有利，体育课程具有更加丰富的内容，同时，拓展了体育课程的空间与时间。具备实用性和趣味性的体育课程，将体育教学的作用充分发挥，因此，高校应当对户外运动训练更加重视，增强并培养学生的体能和健康心理，达到高校体育教学的目的。

第八节　体育游戏在高校排球教学与训练中的应用

排球运动作为一个隔网对抗的集体球类运动项目，具有激烈的对抗性，需要学习者具有非常高超的技巧，并反复练习，正因为如此，学生才容易出现排斥和懈怠的情绪。过去的体育教学只注重练习，但这样也会影响学生的学习热情。所以在高校排球的教学中加入了体育游戏，将体育教学变得更好，能够更加有效地进行排球的教学。

一、体育游戏的含义及特征

（1）体育游戏的含义。体育游戏是游戏的重要组成部分，而游戏又在体育教学中占据着非常重要的地位。体育游戏是游戏在发展过程中逐渐衍生出来的一个特殊的分支，它将体力发展、智力发展、游戏娱乐结合起来，共同构成了体育游戏的内容。体育游戏的主要练习方式就是身体练习，它的主要目的是增强人们的体质、陶冶人们的性情，它是现代社会产生的一种新的游戏方式。与此同时，体育游戏也是一种社会现象，它的发展是与社会的发展分不开的。

（2）体育游戏的特征。体育游戏，顾名思义就是既有体育的特征又有游戏的特征。体育游戏具有很强的意识性和目的性，是一种非常有意义的活动。体育游戏的目的性是出于教育与娱乐方面考虑的，它要达到的无非就是增强学生的体育技能并增强学生的体力与智力的目的。而体育游戏的意识性就是基于人类本身来考虑的，人类与动物最本质的区别就是人类能够有意识地进行活动，所以体育游戏的意识性是根据人类本身的意识所决定的。因此，人们的游戏是动物所不能达到的，人们可以根据自己的想法去创造丰富多样的体育游戏而动物却不能，人们可以不断地推动体育游戏向前发展，让体育游戏迈向新台阶。

体育游戏还具有集体性和趣味性。体育游戏当然与体育有着密切的关联，它的一些基本游戏活动都是走或者跑之类的，是我们每个人都会的，所以不需要进行系统学习，十分简单，深受大众的喜爱，是一个集体性非常强的游戏。体育游戏除了具有集体性之外还具有非常丰富的内容，容易使学生产生兴趣，只有受到了学生的喜爱才能够让体育游戏充分地融入体育教学中，这样不仅能够增强学生的身体素质，还能够让学生在欢乐的时光中锻炼身体，一举两得。

二、体育游戏在排球教学中的应用

（一）体育游戏在排球准备活动中的应用

排球的运动剧烈，需要有较大的运动幅度，是一项非常消耗体力的运动。因此，在高校中进行排球教学之前一定要让学生充分热身，例如，很多教师都会选择慢跑的方式或做一些准备的游戏活动，这都可以让学生充分地热身。同时，这些游戏活动的引入不仅可以增强学生的积极性，而且可以让学生把注意力都集中到这一件事情上。这样就可以达到热身的效果，并为之后的排球教学做好充分的准备工作。因此，适当引入一些有趣的体育游戏可以帮助学生提高学习兴趣。

（二）体育游戏在排球技术教学中的应用

排球以前的教学方式一般都是重复练习，比较枯燥乏味，因此，学生对于排球的学习不感兴趣，在训练的过程中就容易出现懈怠情绪，从而也就失去了学习排球的意义。如果在排球的教学中融入一些有趣的游戏，就能提高学生的学习兴趣。

（三）体育游戏在排球放松活动中的应用

在排球教学过程中，体育游戏起到辅助作用，让学生通过游戏的方式来得到启发，让他们对排球产生学习的兴趣，提高他们的积极性。另外，体育游戏不仅仅可以在课上起到作用，学生同样可以在课下把体育游戏当作放松的一种方式，这样既可以减轻学生的学习负担，又有利于他们释放压力。

综上所述，传统的体育教学并不适用于当前的教育，所以体育游戏是非常有必要引入教学课程中的，这样就能够改善原本的教学方式，打破传统的教学方法，给枯燥的教学带来乐趣，让学生产生体育学习的兴趣。既可以让学生完成教师布置的学习任务，也可以提高教学的成果，让学生积极主动地学习排球。

第九节　基础训练在高校体育舞蹈教学中的应用

体育舞蹈在我国高校中兴起时间不长，因此，在教学中存在一定的问题。尤其是在基础训练上，忽视对学生基本形体的塑造，忽视教学内容，并且未树立正确的高校体育舞蹈教学目标。随着我国国际地位的提高，中西文化之间的融合已经成为一种趋势，而舞蹈是中西文化结合的一个重要体现，因此在体育舞蹈教学中加强基础训练、培养学生的审美理念十分重要。

一、基础训练的作用

体育舞蹈的基础训练是指舞蹈中的一些基本动作练习，包括学生对舞蹈因素的选择和理解等。基础训练可以塑造学生的形态，加深学生对于体育舞蹈形式和作用的认识。高校体育舞蹈课程开设的目的在于通过舞蹈培养学生的素养，而不是强调专业性，因此，基础训练往往是高校体育舞蹈教学的核心内容甚至是全部内容。通过基础训练，使学习舞蹈的学生体形标准，身体协调能力提高。并且能够提高学生的主体节奏感，改变学生的仪态，对其日后的生活和工作都具有积极作用。另外，体育舞蹈的基础训练可以培养学生的审美能力，使其走上社会后能够积极向上，并且具有正确的价值观和人生观。外在的形态往往能够影响学生的心理，而通过体育舞蹈教学中的形体训练，不仅使学生认识了美，而且提升了自身的气质，从而有利于学生自信心的建立。

二、高校体育舞蹈的特点及教学现状

体育舞蹈与中国的文化结合后形成了一种新的形式，具有自己的特点。要推进高校体育教学的发展，需正确了解体育舞蹈的特点，推进基础教学。在基础教学方面，体育舞蹈的特点体现在音乐和服饰两个方面，其中，音乐上体现在多元性，高校目前教学中则仅仅采用了一两种音乐风格。基础训练教学中应体现舞蹈音乐这一特点，采用多种风格的音乐与舞蹈动作相匹配，使舞者的感情表达更充沛。体育舞蹈的类型则主要包括拉丁舞和摩登舞，并且每种舞蹈具有多种类型。在当下的教学中，存在两个问题：一是对不同类型舞蹈之间的差别认识不清，教学混乱，导致教学效率低下；二是仅仅从某一种舞蹈的教学入手，采用千篇一律的教学方法，所选音乐也不能与教学内容相匹配。不同的舞蹈学习要选择不同的规定服饰，体现舞蹈的美感。但是在高校教学中，由于教学资源有限，对体育舞蹈教学的重视程度不足，导致教学中的服饰随意，不能体现出国标舞的美感，从而影响了学生审美能力的形成。事实上，对于不同性别和不同类型的舞蹈服饰是有具体规定的，如在摩登舞中，男性舞者要选择燕尾服，但这一特点在目前的体育舞蹈教学中很难统一，成为影响教学的重要因素。

三、基于训练在高校体育舞蹈教学中的应用

（一）明确基础训练的内容

基于基础训练在高校体育舞蹈教学中的重要作用，教师应明确基础训练的内容。一般我们认为体育舞蹈基础训练包括两方面内容，一方面是学生的身体素质提高，这一点可以通过舞蹈基本动作实现，也可以通过课外体育项目来实现，总之，学生要具有一定的力量和韧性，掌握体育舞蹈的基本功。并且，高校体育课程中要将体育舞蹈进行分类，根据学生的身体特征和对音乐类型的喜爱程度进行区别教学。另一方面是学生对基础训练理论知识的掌握。要求教师讲授体育舞蹈的起源、类型及舞蹈基本动作，并且结合我国古典元素，对体育舞蹈动作进行改革，使其符合中国学生的特点。注重基础训练的效果，尤其是观察学生在基础训练后的形态变化和心态变化。

（二）注重提高学生的灵活性

基础训练虽然是一些基础的动作，但是高校教师不应采取同样的教师模式，而是应注重提高学生的身体灵活性。要求体育舞蹈教师因材施教，选择适当的音乐，注重学生的音乐律动感培养，并且根据每个学生的掌握程度细化基础动作，注重每个学生的基本体态和形态变化。针对韧性不好的学生可以多做一些形体上的练习，对于动作不标准的学生则应进行反复练习。总之，基础训练教学要具有灵活性，分清轻重，正视教学目的，在教学中培养学生的兴趣，注重学生自学能力的培养，并且在基础训练中提高学生的审美能力。

（三）巩固学生对基础动作的记忆

高校在体育舞蹈教学中，一般通过表象训练这一基础内容来加深学生对于动作的记忆。表象训练包括完整动作和分解动作，并且包括动作与动作之间的顺序、衔接教学，使学生能够不断地回想教师的动作，再加上教师在教学之后

的提醒，就会使学生掌握基本的技术动作。表象训练使得学生的动作更加规范，是初学者的最佳选择。学生在学习舞蹈时，多是从模仿开始的，基础训练使得动作更加直观，基本功更加扎实。在具体的教学中，还应注重学生对音乐的理解与配合，在音乐的选择上可以参考舞蹈的特征，结合我国民间音乐的特点，使其教学内容更加丰富，这些都是基础训练的基本内容，正确选择音乐并培养学生的音乐感知能力，才能促进体育舞蹈教学。

随着中西文化的融合，体育舞蹈已经成为我国高校的基本教学内容之一。体育舞蹈教学有助于培养学生的审美观念、意志品质和职业能力。当然，要在教学中注重基础教学，保证学生的形态美，在基础训练过程中，尊重形体训练的原则，注重基础训练的针对性和丰富性，注重学生对动作的掌握和自主学习能力的提高，实现中西文化和艺术的结合，促进我国高校体育舞蹈教学效率的提高。

第十节　核心力量训练在高校体育教学中的应用

核心力量训练是力量训练形式的一种，是维持身体灵敏度和协调性的重要方式。在众多形式的力量训练中，核心力量训练是身体素质方面的基础训练。所谓的"核心"是指人体的中间环节，它主要包括肩关节以下、髋关节以上包括骨盆在内的由29块肌肉组成的整体。核心力量训练在体育教学中具有重要意义，在体育教学中，适当使用核心力量训练，可以有效提高学生的身体素质，改善学生的健康状况，防止出现因为采取不恰当的训练方式而导致肌肉和关节损伤的情况。本节通过以下几种分析和研究来探讨核心力量训练在体育教学中的应用情况。

肩关节以下、髋关节以上包括骨盆在内的区域训练在体育训练中维持着全身的力量，帮助协调身体的关节和骨骼、肌肉等身体各部分的锻炼。正如大部分人所知的那样，核心力量的训练在体育训练中可以调动全身的肌肉和肢体。因此，教师在体育教学中，要特别注重学生在核心力量上的训练，提高学生的身体素质和肢体的灵活性，使学生在具体的体育项目练习时取得一定的进步。目前的体育教学中，核心力量的训练存在严重不足。因此，教师在进行体育教学时，要注意核心力量的训练，弥补学生在体育核心力量锻炼上的缺失，确保体育教学取得良好的效果。

一、核心力量训练在体育教学中的应用

核心力量训练在体育教学活动中是一种比较新颖的教学方式和训练方式。关于这种教学方式和训练方式的开展，需要尽快落实到教学和训练的实践中。首先，在体育教学中，要做好关于核心力量训练的相关知识和理论的讲解，让学生对核心力量训练有一个总体的认知；其次，进行具体的实践操作。教师要根据每个学生的身体素质对核心力量的训练有一个合理的安排，避免不合理的训练安排导致学生在运动中出现损伤的情况。同时，尊重学生的个体差异，合理安排训练项目和训练强度，让每个学生都能得到足够的训练，使体育锻炼更加有效，增强学生的身体协调能力。

二、核心力量的训练在体育教学中存在的问题

（一）核心力量的训练设施不健全

核心力量训练单纯依靠教师的讲解和知识的普及是远远无法满足要求的，这种训练方式和内容更需要的是教学设备的支撑，否则核心力量的训练在体育教学中将不能落到实处。而这些情况正是如今体育教学面临的问题。训练器材的缺乏造成核心力量训练满足不了指定的目标，使大部分体育活动的开展出现严重阻碍。此外，训练器材的缺乏让教师的教学活动变得格外拘束，在培养学生的良好身体素质上没有取得实际效果。因此，核心力量的训练设施还需加以完善，使得训练活动变得更加有趣和丰富，在一定程度上改变体育教学单一和枯燥的教学现状，以此来提高体育教学的质量，帮助学生在体能训练中实现更大的进步。

（二）核心力量的训练在体育教学中流于形式

在传统的教育思维对广大教师和学生的影响下，体育教学的开展面临着很多困难。部分学校出现不重视体育教学的情况，使核心力量的训练在体育教学中流于形式，无法落到实处。核心力量的训练在体育教学中不能只停留在形式上，而是要在具体教学训练中体现出来，这样才能达到训练的效果。此外，关于核心力量的训练不能只是简单地喊口号，而是将核心训练的意识灌输给每个学生，增强学生在核心力量训练上的自主性，激发学生对体育锻炼的兴趣。

（三）核心力量的训练在体育教学中强度不够

核心力量训练在体育教学中无法取得理想的效果，除了相关的训练设施不够健全，在某些训练项目上流于形式外，还有一个原因是在体育教学中核心力量的训练强度不够。核心力量的训练是一个需要调动全身的训练，只动用身体的一部分无法达到实际需要的效果。因此，在教学过程中，教师要合理增加核心力量的训练强度，确保体育教学的效率得到提高。此外，教师需要根据学生的体能施加不同的训练强度，同时，根据学生的训练情况提出合理的建议和改进措施，让每个学生都能在核心力量的训练中达到相应的标准。而学生在参与核心力量的训练时，除了听取教师的建议和教学要求之外，还要在业余时间进行必要的锻炼，将核心力量的训练强度达到一定的标准。不能在核心力量的训练上只听从教师的安排，课余时间的练习仍然是非常重要的，让身体在核心力量的训练上保持相对活跃的状态，才能取得良好的训练效果。因此，在核心力量的训练中，加强训练强度对体育教学的开展是很有必要的。

三、核心力量训练在体育教学中的优化措施

（一）增加肌肉力量和维度

在核心力量的训练中，增加肌肉力量的训练和肌肉维度的训练具有重要意义，它可以让体育教学取得更加良好的效果，帮助学生在身体机能的训练中达到一定的标准。从某种程度上来说，增加肌肉力量和维度是体育教学中的关键环节。肌肉的力量和肌肉的维度在一定范围内是成正比的，肌肉的维度越大，也就意味着肌肉的力量越大。因此，在核心力量的教学中，教师要让学生通过训练适当增加肌肉力量和维度，帮助学生在其他项目的体育训练中充分施展。同时，尽可能减少因训练的强度安排不合理而出现肌肉损伤的情况。正如人们所知的那样，肌肉力量和肌肉维度在核心力量的训练中是关键环节，理想状况下的肌肉力量和肌肉维度可以使体育训练实现更高的目标。同时，在形体和健康上使人达到良好的状态，激发核心力量训练的潜能，增加核心力量训练的信心，提高体育教学的效率质量。

增加肌肉力量的方式有很多，在训练中要注意饮食的搭配，这对于肌肉的增长具有重要的辅助作用，具体操作方法就是，在训练完毕以后，适量吃一些蛋白质较高的食物。要合理分配休息的时间，让刚参加完训练的身体有一个缓

冲的过程。此外，适合增加肌肉增长的运动有短跑、深蹲、举重等，其中，深蹲包括自重深蹲和杠铃深蹲。深蹲能很好地激发全身的力量，是很多运动员进行肌肉训练的重要项目，尤其是腿部肌肉的训练。自重深蹲可以使腿部肌肉得到充分的锻炼，促进腿部肌肉的增长，增加腿部肌肉的力量。同时，还可以适当增加一些杠铃深蹲的训练，让股四头肌的四个区域得到很好的刺激，配合自重深蹲训练，使肌肉力量的增加取得更加理想的效果。

（二）完善相应的体育训练设施

上文提到体育训练器材和设施的缺乏对核心力量训练在体育教学中的开展会形成巨大的阻碍，因此，学校和相关单位要注意完善相应的核心力量训练设施，使核心力量训练顺利开展下去。完善相应的体育训练设施，可以让体育教学摆脱单一的模式，使得核心力量的训练更加多元化，在训练的初期加强学生的自主性，培养良好的训练习惯，增加学生在核心力量训练中的兴趣。在体育教学中，教师对不符合训练标准的器材要进行逐一的检查，寻找相关的专业人士检修和维护被毁坏和过于陈旧的设备，减少因设施不完善而出现训练不达标的情况。同时，教师要不断地完善自身，做好核心力量训练的相关工作，遵守体能训练的规范和标准，帮助学生更好地完成核心力量的训练，提高体育教学的效率，使核心力量的训练得到更进一步的实施。

（三）加强核心力量训练的宣传

核心力量的训练作为体育教学的关键环节，除了要完善教学方案和训练器材，帮助学生增加肌肉力量和肌肉维度之外，还要进行一定的宣传，通过合理范围内的传播，把核心力量训练有关的教学工作开展下去。在体育教学活动中增加心理建设教育，对于核心力量训练的开展具有重要的辅助作用，它可以让体育锻炼的意识在学生中传递开来，缓解一部分不热衷于运动的学生对核心力量训练的抵触情绪，让体育训练得到更多学生的认可，挖掘学生在核心力量训练上的潜力，激发学生的锻炼热情，帮助学生在核心力量训练中取得进步，提高学生的身体素质，增强核心力量训练的教学效果。

（四）提高教师队伍的专业程度

从师资力量的角度来说，专业的师资队伍对核心力量的训练起着非常关键的作用。因此，要做好体育专业相关教师的队伍建设，选拔出足够专业和优秀的教师来担任核心力量训练方面的教学工作，增加核心力量训练的内涵和质量。

帮助学生在核心力量训练中实现进步，避免出现在体育上专业能力不足的教师指导学生的核心力量训练，导致体育教学工作效率较低的情况。作为指导学生的教师也要不断增强自己的专业性，坚持核心力量的训练和教学工作，弥补学生身体素质方面的不足，使核心力量训练的教学工作取得有效的进展。

在相关训练活动中加入适当的核心力量训练，对于身体各个关节与肌肉的协调和控制具有重要意义。因此，教师在开展体育教学活动时，可以指导学生在核心力量方面进行适当的训练，帮助学生了解自身的身体机能，让身体长期保持在一个健康的状态。当今的体育教学中存在着学生的体能训练严重欠缺导致身体素质较差的问题，教师有必要通过教授核心体育锻炼的方式，改善学生的身体素质。同时，使体育方面的教学质量得到提高，在一定程度上解决现阶段体育教学出现的相关问题。本节通过对体育教学中关于核心力量训练的分析和研究，阐述了人体中间环节的锻炼对身体素质的改善和身体各个部分的协调与平衡的重要性。希望通过本节的叙述能解决一部分体育教学中出现的问题，提高体育教学的质量，帮助学生在身心健康上实现更大的进步。

第十一节　步法训练在高校体育教育网球教学中的应用

纵观当前高校网球教学，学生的步法问题尤其多，比如，步法凌乱、身体重心不稳、动作技术不成型等，长此以往，必定会影响到高校教师网球教学活动的有效开展。因此，加强步法训练在网球体育教学中的应用显得十分重要。总体而言，步法训练不仅利于学生位移速度及步法变化能力的提高，还能促使自身的网球步法移动变得更加准确，而这对从事网球教学的教师而言，也是任重而道远的。

一、步法训练在高校体育教育网球教学中的应用

（一）步法训练的基本要点

网球步法训练，主要是指网球运动员在网球运动中的移动方法。从专业角度来讲，步法训练的基本要点主要是快，这是网球步法最基础的要求；其次，就是准确，这就要求运动员要合理运用小碎步，以找到最佳的击球点。除此之外，要合理分配步法时间和空间，从而获得足够的时间去找准落球点回击。

（二）步法训练的关键因素

影响网球教学步法训练的因素有很多，主要的有以下两点：

一是网球教学时间太少。研究调查发现，普通高校一个学年大约有 35 周的课程，且一般是每周一节体育课，但这对原本就缺乏锻炼的大学生而言还是不够科学和合理，甚至有的时候，因为天气、课程安排等原因，网球教学课时还会减少为 20 多节课。

二是忽视了对学生体能的训练。总体而言，高校场地的训练空间是极为有限的，加上大部分的体育课都扎堆在同一时间开展，所以在相对糟糕的体育教学环境下，高校体育教师会更注重体育技巧的教学，而没有意识到增强学生体能的重要性。

二、步法训练在高校体育教育网球教学中的应用

（一）网球教学中高反应速度的步法训练

网球步法上的反应训练，主要包括纵向移动、横向移动、前向移动、后向移动及斜向移动，且需要训练者的反应速度和移动速度相当，才能促使步伐跟得上。不过，在此训练过程中，一定要注意步法的控制，否则会很容易因为惯性导致训练者的速度停不下来。

为此，网球体育教师在训练学生的时候，一定要结合学生的特点，比如，根据学生运动量和运动强度，及时对训练方法进行调解；或者是通过分组、对抗、比赛等训练方法提高学生网球步法训练兴趣……

总之，当学生的学习积极性得到有效调动之后，整个步法训练教学才能够获得事半功倍的效果。

（二）网球教学中高击球准确的步法训练

加强步法训练在高校体育教育网球教学中的应用，其意义和价值都是不言而喻的，从长远看来，这对提高击球的准确性也是很有帮助的。

网球击球时需要站在一个相对较稳的地方，才能确保击出的球角度和力道更加准确，否则击出的球会很容易脱离设想的轨迹。为此，教师在教学的时候，应该要求学生在步法上尽量实现大步和小步的组合，即在大步横纵前后移动以后，紧接着配合小碎步来调整距离，并在先快后慢的原则下保持好距离和节奏，

以此确保击球的准确性和稳定性。为了获得良好的训练效果，教师还可以根据学生的实际学习情况，适当为其增加障碍物，一方面，能够提高学生对球的敏感度；另一方面，也能实现短距离训练击球的准确性。

（三）网球教学中高步法合理的步法训练

相比其他的体育运动项目而言，网球是一项运动幅度和运动空间比较大的项目，如果学生没有掌握良好的步法训练技巧，则很容易在打球的过程中造成体力的大量流失。

鉴于此，教师对学生进行系统步法训练时，一定要将合理节约体力的意识灌输到他们的脑海中。而在平时的训练中，教师其实可以指导学生使用底线左右的交叉步、底线左右的开放式击球、"米"字形跑回位等合理步法训练方式，事实也一再证明，这不仅可以节省他们的体力，同时也能为他们快速回位，并为下次击球做好更加充足的准备。

步法训练是网球教学中的重要内容，作为一项全身型的运动类型，对于训练者的反应速度、击球准确度等都提出了较高的要求，鉴于这些都依赖于步法的训练，因此，高校体育网球教师必须对学生的步法训练高度重视。在研究调查中也发现，很多高校及从事网球体育教学的教师，都没有意识到步法训练应用的重要性，而为了改变这一教学现状，本节进行浅析，也是希望高校的网球教育教学事业能够获得有效发展。

第十二节 高校体育教学与训练中练习指导法的运用

从 20 世纪 60 年代至今，各体育强国为了全面提高本国学生的身体素质，逐渐在体育教学与训练的过程中渗透练习指导法，即通过指导练习的方式，帮助学生深入理解体育动作要领，我国也是如此。在高校体育课教学过程中，练习指导法得到了广泛应用。该方法所呈现的特点是对技术要求比较低，实际操作简单，实用性强，练习效果明显，可以充分发挥时间的优势来提高体育课程的运动负荷，使学生的基本活动能力、身体素质得到协调发展。在体育教学中，通过不同形式的练习能提高学生的机体能力，尤其是肌力、心脏功能。此外，练习指导法也可以调动学生参与体育课程的积极性，使学生能够形成独立锻炼的意识。

一、练习指导法概述

练习指导法主要包括两个层面的含义：其一，在于练习方法；其二，则是指导方法。这两种方法均是以教师为主体的教学方法。练习方法是体育教学期间所使用的重复练习法、变换练习法、游戏练习法、循环练习法、比赛练习法等；而指导方法则是指以语言、直观、完整、分解等多种方法对学生错误的体育动作进行纠正。近年来，我国高校体育教学逐渐开始应用练习指导法，也有一些专家大力提倡这种教学方法，为体育教学与训练提供了有效的教学指导手段。

依据性质及特征，练习指导法主要有三种类型，即心智技能练习、文明行为习惯练习、动作技能练习。第一，心智技能练习，主要是体育基础知识阅读；第二，动作技能练习，是指围绕体育技能及劳动操作技能所展开的一系列练习；第三，文明行为习惯练习，是指开展体育运动期间所涉及的卫生习惯、礼貌习惯、守时习惯等。依据学科进行分类，练习指导法被分为几种不同的类型，如体育基础知识的阅读与理解，体操、田径及球类等不同项目的实践，体育运动期间习惯的养成等。

二、练习指导法理论与实践的关系

（一）二者之间的差异

高校在开展体育教学期间，对于练习指导法的理论知识和实际操作这两者之间存在很大差异。例如，不同的学生个体在开展体育训练时并非一对一教学，主要是一个教师面对数十名学生所展开的灌输式教学。而不同学生的智力、生理发育及心理素质都存在很大差异，且体育的起步点以及基础水平也各不相同，这些都是开展体育教学时必须考虑的问题。不同的学生在重复一个体育动作时，必然会体现出不同的效果，动作完成的成功率也不同。如果教师只是按照理论知识展开教学，那么会对最终训练结果造成影响。

例如，某高校教师带领一个班的学生学习乒乓球发球技巧，共有 35 名学生，为了保证教学质量，教师采用练习指导法。因为每个学生的乒乓球基础不同，教师指导学生动作时，每个学生所呈现的效果也都不同，基础较好的学生对于动作要领的掌握比较快，但是基础差的学生就比较慢。这时教师应因人而异，通过练习指导的方式帮助基础差的学生，最终可获得预期的教学效果。若是教师仅采用理论基础进行教学，那么对于学生动作要领的掌握就没有任何帮助。

（二）练习指导法处理方式

在体育教学过程中应用练习指导法最为关键的是因人而异，体育教师必须认识到体育训练教学的重点除了教师传授以外，学生的理解与掌握也十分重要，只有学生充分掌握体育动作练习的最佳方式，才能够达到最佳的训练效果。因为学生之间的性格、体质、体育基础存在差异，对于体育学习的接受度自然也存在不同，教师在组织教学期间必须对这一点加以注意，灵活使用教学方法，针对性地展开体育训练指导。教学期间，学生可能因为身体、心理等原因形成畏惧以及厌烦等心理，教师应及时发现这些问题，并逐步展开指导，帮助学生建立信心，在练习过程中逐渐克服不良心理，高质量地完成体育训练。因此，为了提升体育训练水平，教师必须将理论与实践相结合，科学运用练习指导法，提高体育训练的质量。

例如，教师应用练习指导法组织学生进行羽毛球发球练习时，必须先了解学生对羽毛球运动的掌握情况，结合每名学生的实际情况制订针对性的指导方案。教师若在了解过程中发现部分学生对于该运动有抵触心理，可通过谈话了解具体原因，在指导过程中帮助这一部分学生树立学习羽毛球的信心，进而完成羽毛球练习。

（三）练习指导法基本要求

第一，确定练习根本目的。尽管练习是多次重复某项运动，但并非机械性重复，而是在目的的带领下逐步引导学生掌握体育运动技能的过程。所以在练习指导期间，教师除了要明确练习目的之外，也要让学生掌握练习需要遵循的要求，凭借其对教材中基础理论的理解，主动进行体育练习。

第二，选择合适的练习材料。选择练习材料时需要结合练习目的、学生情况、体育学习需求。一方面，要强化体育基本技能训练，将不同形式的练习紧密结合，使学生逐渐提高技能水平；另一方面，要学会举一反三，在练习与训练过程中提高学生的操作与创新能力。

第三，掌握科学的练习方法。练习方法必须根据固定流程进行，无论何种形式的练习，都要调动学生参与体育训练的积极性，建议采用全部练习法、分段练习法这两种方法。分段练习法也称单项练习法，就是将比较烦琐的体育运动分解成若干个部分，先展开专项练习，随后再进行综合练习。例如，某高校教师带领学生进行篮球投球练习，最开始教师先对动作进行讲解与示范，使学生可以了解动作的操作方法，让学生了解动作流程，随后再带领学生进行练习，保证每一个动作的正确性以及操作的熟练性。练习过程中必须保证多样化，如此可以充分调动学生练习的积极性。

第四，保证练习分量与时间的合理性。要想使学生形成良好的运动习惯，必须保证足够的练习次数，但是也不能过多，应按照体育运动的性质及学生年龄等合理确定。例如，教师组织学生练习乒乓球运动时可以将练习次数分散，这种方式所获得的效果比集中练习更好。开始练习之后，次数尽量较多，但是每次时间不要太长，随着练习次数的增加，可以逐渐缩小时距，以免学生产生厌烦心理。

三、练习指导法在应用过程中存在的问题与原因

通过一段时间的观察得知，体育教师针对学生展开练习指导时也存在很大差异。例如，有的教师采用放任自由式，由学生自主展开练习；有的教师则是为学生规定了场地，让学生勤加练习，并为其提供有效指导；有的教师指导时所使用的方法不合理，导致最终效果不理想。以上问题对教师体育教学水平的提升带来诸多限制，降低了体育教学质量，使练习指导逐渐成为体育教学中最为薄弱的环节。

导致以上问题的原因主要有教师主观因素、客观影响两个方面。其一，教师主观因素。教师的教学态度不够端正，缺乏敬业精神以及责任心；教师学习方面仍需加强，不善于总结经验，对教学方法的研究不深入，依然采用粗放式教学。其二，客观影响因素。体育教学理论存在偏颇。这一点主要体现为重理论、轻实践，不注重结合，日常分散采用各种教学方法，导致效果不明显。再加上体育教学自然进程与传统教学方法的示范、讲解与练习等环节并行，教师对教学方法和步骤之间的交融性认知不足，进而出现教学方法和流程脱节的现象，使教学实践环节出现偏差；教学评价需要完善。体育教学方法评价过程中存在重教学、轻学习的问题，个别教师并不注重学习指导方法，对学生学习技巧的指导及训练缺乏重视。教育部门针对我国体育教学出台了《全国学校体育课程指导纲要》，其中，对教学方法、学习方法、练习方法等提出了明确的要求，

即体育教学除了要关注教法，也要深入研究学生学习方法、练习方法，在教学、训练过程中全面提升学生的自学自练水平。

四、练习指导法在高校体育教学与训练中的运用

（一）掌握指导时机

一般练习指导的时机都是学生练习期间存在疑惑时，教师对学生进行体育动作指导，鼓励学生继续练习，使其养成参与体育锻炼的积极性，运动技能实现健康发展。在开展练习指导的过程中，如果发现学生动作出现错误，教师必须及时纠正，以免一段时间之后错误定型。例如，教师引导学生进行篮球运球技巧练习时，若发现课堂上学生的注意力不集中，或者有学生情绪低沉，这时教师必须对这一部分学生进行适当引导，积极调适学生的情绪。若是学生在运球期间因为强度过大而受伤，教师就需要调适练习次数与强度，并且对学生的伤情进行适当处理，如果发现事先制定的练习方式不合理，则要及时更换。

（二）充分利用指导空间

开展体育练习指导时，教师必须选择宽敞的场地让学生保持队形。通常教师应在体育练习指导过程中仔细观察每一名学生练习时的状态，以便及时发现问题并处理。对所有学生进行练习指导时，教师需要调整学生的队形，尽量将技能掌握比较差的学生安排在中间位置，同时，教师要保证讲解示范的科学性。

（三）明确指导方法与渠道

教师带领学生进行指导练习时使用的方式比较多，依据信息交流方式主要有听觉、视觉与触觉等几种。例如，教师带领学生开展羽毛球发球练习，如果采用视觉指导练习方法，主要包括示范、手势引导及脚腿示向等；如果采用听觉指导方法，主要包括讲解、评价、口令及音乐等；如果采用触觉指导方法，则主要包括动作指导与保护等。

（四）练习指导法应用期间的注意要点

第一，练习指导必须符合学生的生理、心理发展规律，按照教学进度划分层次。初期采用注入性教、接受性学的方式，指导形式则应用领练方法；随之进入掌握阶段，则以启发性教、发现性学为主，指导形式则采用点拨式；最后则以养成学习习惯为主，指导形式采用指挥方法。第二，因为练习指导法主要

是学生已经参与到练习阶段的一种教学行为，所以指导本身带有针对性和调整性等特点。练习方法除了平时会用到的重复、间歇变换以及游戏、竞赛等以外，也会采用模仿、诱导和辅助等方法。第三，因为练习指导本身的特点，指导组织应更加关注个别学生，如学困生、对训练有抵触情绪的学生等。第四，练习指导法应用期间务必要结合多种方法。

综上所述，将练习指导法运用于高校体育教学中，一方面，可以及时纠正学生的错误，使学生熟练掌握体育运动技巧；另一方面，则可以帮助学生养成良好的运动习惯，通过体育练习提高身体素质。

参考文献

[1] 黎健民. 体育教学与运动训练的比较研究 [J]. 黔南民族师范学院学报，2003，23(3):17.

[2] 黄秋玲. 对体育教学与运动训练异同的研究 [J]. 体育科技，2003(2):3. DOI:CNKI:SUN:TYKJ.0.2003-02-025.

[3] 杨翠丽. 体育教学与运动训练异同研究 [J]. 贺州学院学报，2004.

[4] 凌占一. 高等院校体育教学与运动训练理论实践研究 [J]. 呼伦贝尔学院学报，2018，26(2):30.

[5] 唐鑫基. 高职院校体育教学与运动训练异同互补研究 [J]. 文化创新比较研究，2018(21):68.

[6] 吴雪瑜. 高校体育教学与运动训练互动模式研究 [J]. 当代体育科技，2018.

[7] 耿阳. 高校体育教学与运动训练互动模式研究 [J]. 活力，2019.

[8] 汤文生. 职业院校体育教学与运动训练异同互补研究 [J]. 文体用品与科技，2019(23):51.

[9] 常德庆，姜书慧，张磊. 高校体育教学与运动训练研究 [M]. 吉林出版集团股份有限公司，2020.

[10] 王威. 高校体育教学与运动训练研究 [J]. 体育世界，2022(7):0113-0114.

[11] 卓杰先. 对体育教学与运动训练的异同研究 -- 再论体育教学与运动训练的目的任务及特点 [J]. 柳州师专学报，2001，16(2):23.

[12] 杨鹰. 体育教学与运动训练的比较研究 [J]. 大家，2010(10):1.

[13] 韦汉国，韦家. 体育教学与运动训练的比较研究 [J]. 广西师范学院学报: 哲学社会科学版，2006(S1):58.

[14] 王菲菲 . 长春市高中排球传统项目学校排球教学与训练现状的调查研究 [D]. 长春师范大学，2019.

[15] 鱼飞，王涛，孙大威 . 现代体育教学改革与运动训练方法研究 [M]. 新华出版社，1900.

[16] 丁建华 . 体育教学与运动训练过程中的美育渗透 [J]. 新课程研究：职业教育，2007，(006):53-54.

[17] 刘威 . 关于高校体育教学与运动训练的互动融合发展研究 [J]. 体育时空，2017，(021):170.

[18] 杨双燕 . 对高职院体育教学与运动训练协调发展的研究 [C]// 第二十届全国高校田径科研论文报告会论文专辑 .2010.

[19] 杨翠丽 . 体育教学与运动训练异同研究 [J]. 贺州学院学报，2004(4):17.

[20] 穆峰 . 体育教学训练理论与方法研究——评《体育教学训练理论与方法》[J]. 新闻与写作，2018(8):33.

[21] 李兴忠 . 普通高等职业院校体育教学与运动训练异同互补的研究 [J]. 中小企业管理与科技 (下旬刊)，2014，(1)：178.

[22] 杨江林，白曼利 . 关于体育教学与运动训练的关系研究 [J]. 中文科技期刊数据库（文摘版）教育，2023(10):31.

[23] 公松磊 . 体育教学与运动训练的研究分析 [J]. 中文科技期刊数据库（文摘版）教育，2023(10):31.

[24] 辛菲 . 体育教学与运动训练的比较研究 [J]. 黑河教育，2014(7):75.

[25] 王佳祺 ." 阳光体育 " 视角下高校体育教学与运动训练研究 [J]. 淮南职业技术学院学报，2022，22(4):112-114.

[26] 张建斌 . 基于 " 阳光体育 " 理念的高校体育教学与运动训练策略研究 [J]. 当代体育科技，2022，12(35):58-61.

[27] 汤丹凤，张迪，薛媛 . 体育教育与运动训练研究 体育理论 [M]. 吉林出版集团股份有限公司，2022.

[28] 刘永辉 . 学校体育教学与运动训练的异同研究 [J]. 广西教育，2005(07A):2.